地域ユニオン・コラボレーション論

オルグから見た地域共闘とは

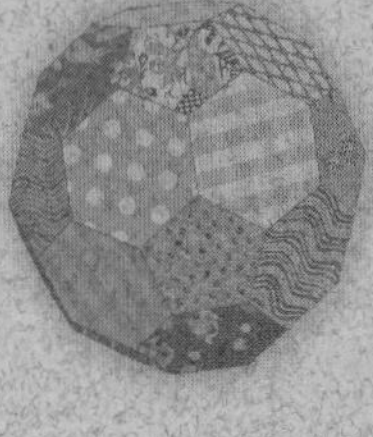

小野寺忠昭 著

インパクト出版会

地域ユニオン・コラボレーション論　目次

第一章　ローカルから見た組合のかたち　9
一　東部労働運動の舞台と時代背景　10
1　職と生活の下町／2　六〇年闘争敗北にもめげない／3　六〇年代全国一般の旋風／4　七〇年代寡占化と組合攻撃／5　スタグフレーション下の争議発生
二　物語を作った地区労　26
1　地区労の生い立ち／2　区労協のかたち／3　地区労オルグは動く事務局／4　小さなハレが魅力的物語に
三　日本の組合のルーツ職場型組合　35
1　民主化の落とし子＝職場型組合／2　財閥解体と職場労働組合の結成／3　職場組合と生産管理闘争／4　争議の敗北と職場労働組合の衰退／5　企業別組合に
四　合同労組の仁義　47
1　地域型合同労組／2　全国一般の発足／3　全国一般の矛盾／4　早すぎた？小が大を食う「戦略」／5　底辺で支えた中小旦那組合
五　総評御三家の位置を占めた公労協　57
1　むかし陸軍いま総評／2　民同の時代と「政治闘争」／3　大きな意味は職場型団結／4　公労協の崩壊と企業内組合への転換／5　転換できなかった全逓の欺瞞者／6　公労協の影響力／7　地公労の役割
六　幕藩体制としての総評　67
1　総評という奇妙な存在／2　護憲へゲモニーの形成／3　脆弱な産業民主主義を補った総評国民運動／4　地域に咲いた新たな国民運動／5　総評・社会党国民運動の崩壊／6　その他の運動

七　地域労働運動のもう一つの価値観　79

1　中央と地域の対《つい》関係から社会を見る／2　区労協と対外活動／3　東京都労政事務所との提携／4　労働行政の後退／5　行政の退廃と社会的労働運動の萌芽／6　二つの争議から見えたもの

第二章　総評の総括　93

一　東京東部地域運動　94

1　三つの組織要素／2　東部ブロック運動の自立

二　オルグ　99

1　地区労・総評オルグ（二つのオルグ群）／2　共闘オルグと単産オルグの違い／3　運動家の自己解体と拡散／4　ビラまき三年・ガリ切り八年／5　組合組織と運動家とオルグの位置／6　戦後労働運動家の土壌／7　労働運動家とオルグ屋の違い／8　オルグは化けること／9　オルグの心得／10　総評最後のオルグと東京地評の顛末

三　労働者理念の再建　120

1　友愛主義と組合／2　仁義とは／3　労働者仁義と組の自己否定

四　再出発へのまとめ　128

1　総評運動の正の系譜／2　構造の概要／3　総評の負の系譜

第三章　東京総行動と争議について　133

一　東京総行動　134

1　東京総行動のセンス／2　法人格否認の法理をテコとして

二　争議について　137
1　争議の視点／2　争議からみた一九七〇年までの概括／3　裏筋の「共闘」体制のネット／4　組合外の労働組合の発生／5　四つの基本、三つの条件／6　争議思考はビジュアルな思考ツール／7　経験の積み重ねを全体テーマに／8　争議運動の三段階／9　争議の背景／10　争議と指導
三　自主生産闘争　162
1　自主再建の継承と消滅／2　経営再建の新たな手がかり／3　反失業闘争の概念破壊と再構築／4　争議労働者の自立／5　争議運動の対《つい》概念／6　異端から陽気な運動へ／7　工場占拠と二つの運動方向／8　倒産争議の道義／9　ポジティブな自主生産労働者
四　パラマウント製靴自主再建の苦悩　176
1　パラマウント製靴協働社の営業譲渡／2　営業権譲渡に関する協定書／3　一二年間の模索
五　生産する労働組合の課題　182
1　微妙に違う「自主管理」と「自主生産」／2　自主生産闘争の意義／3　自主再建の新たなコンセプト／4　皆の衆がつくる「連帯市場」／5　産みの苦しみとしてのワーカーズコレクティブ
第四章　運動再構築の要素　193
一　リストラの時代　194
1　「リストラ」による雇用の激変／2　受難の団塊世代／3　早期退職優遇制度／4　企業クライシス
二　オルタナティブな運動へ　200
1　「法人資本主義」の崩壊／2　労働をモノ扱いする無理／3　ここから始まる「NO!」／4　拡大する個別労使紛争／5　管理職ユニオン誕生の意義／6　派遣労働問題の掘り下げ／7　労働力しか売らない

第五章　エピローグ　新たな時代を繋ぐ　213

一　国鉄闘争　新たな可能性　214

1　社会的労働運動の胎動／2　国鉄闘争コトの始まり／3　闘争団の誕生／4　抵抗的決起の限界／5　その延長にあった四党合意問題／6　新自由主義の幕開けと国鉄闘争の意義

二　社会と労働組合　233

1　東海村臨界事故と労働組合／2　ブリヂストン・リストラ抗議自殺／3　社会崩壊と激増する社会犯罪／4　弱まる社会規範と犯罪の急増／5　「社会主義」の敗北と労働組合／6　今問われる組合の新たな存在証明

三　労基法改悪反対運動の顛末　243

1　運動の出発／2　枠を越えて展開したキャラバン運動／3　運動のいぶき／4　瞬く間に過ぎ去った日々／5　エポックとしての九五年政治体制

四　政治性と労働組合　254

1　五五年体制の評価／2　五五年政治基盤の最後的な崩壊／3　日本の新保守主義

五　組合は未来への贈与　262

1　人間制度としての組合論／2　組合再生の課題

六　結び　267

あとがき　275

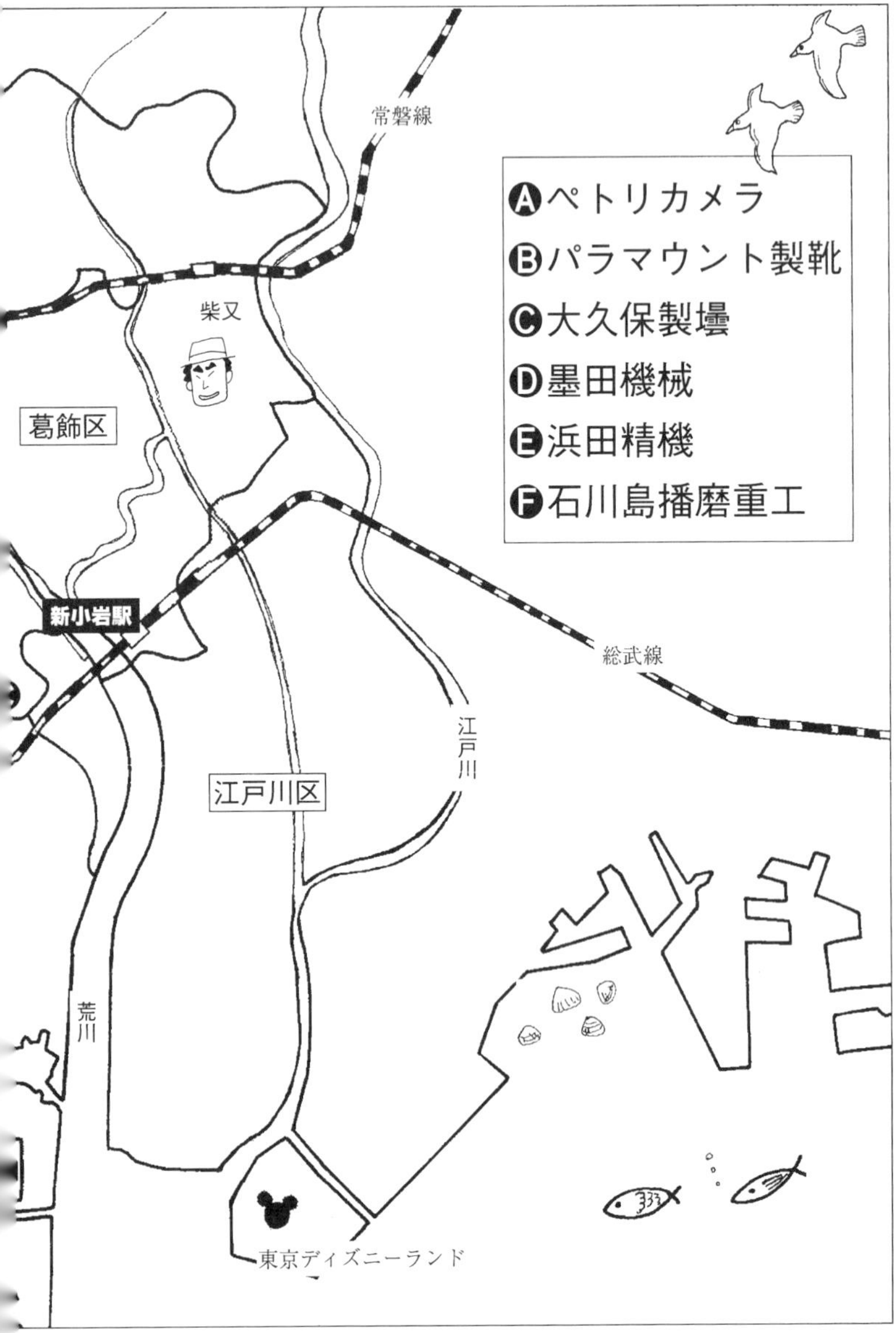
常磐線
Ⓐペトリカメラ
Ⓑパラマウント製靴
Ⓒ大久保製壜
Ⓓ墨田機械
Ⓔ浜田精機
Ⓕ石川島播磨重工
柴又
葛飾区
新小岩駅
総武線
江戸川
江戸川区
荒川
東京ディズニーランド

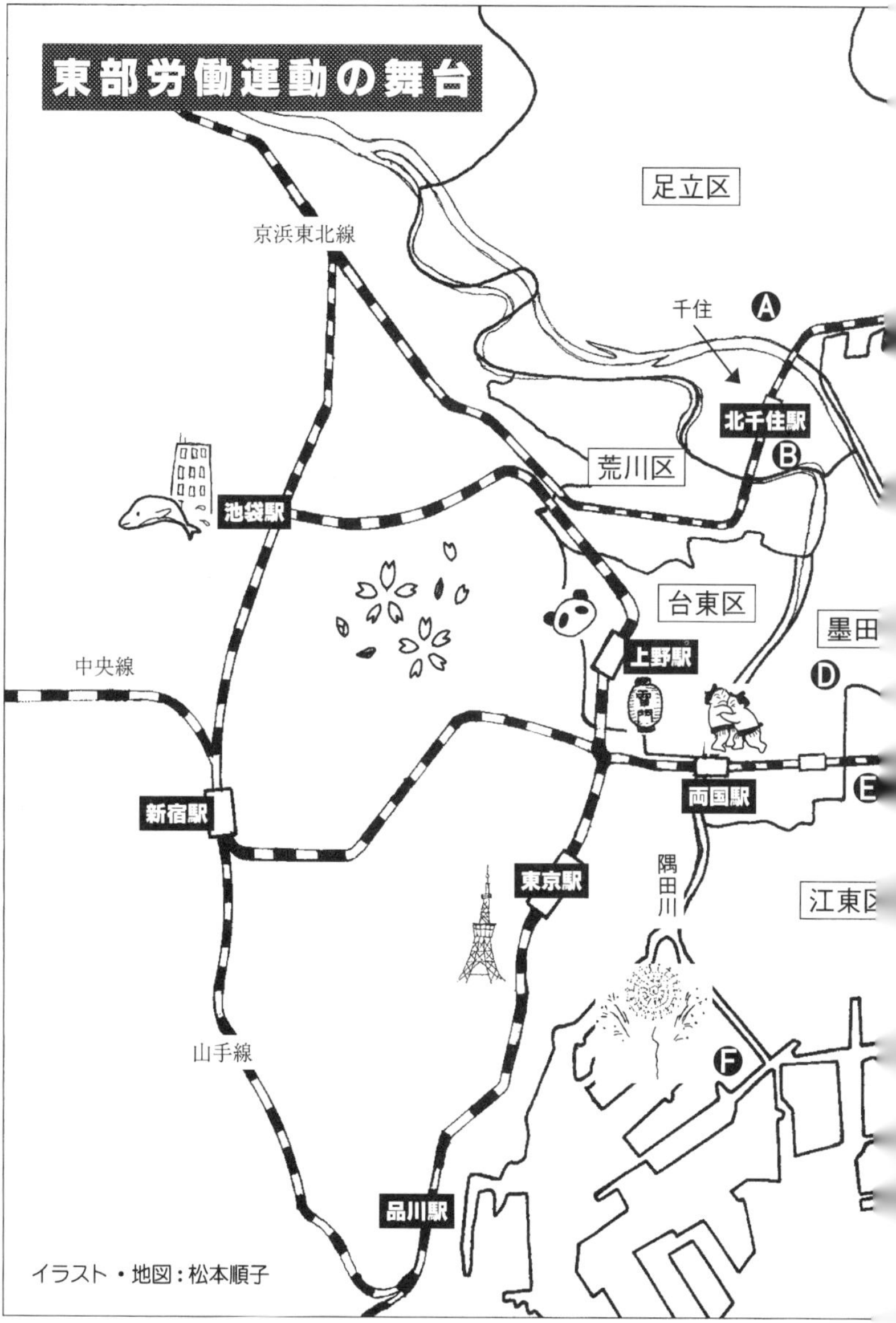
東部労働運動の舞台
足立区
京浜東北線
千住
A
北千住駅
B
荒川区
池袋駅
台東区
墨田
上野駅
中央線
D
両国駅
E
新宿駅
隅田川
東京駅
江東区
F
山手線
品川駅
イラスト・地図：松本順子

第一章　ローカルから見た組合のかたち

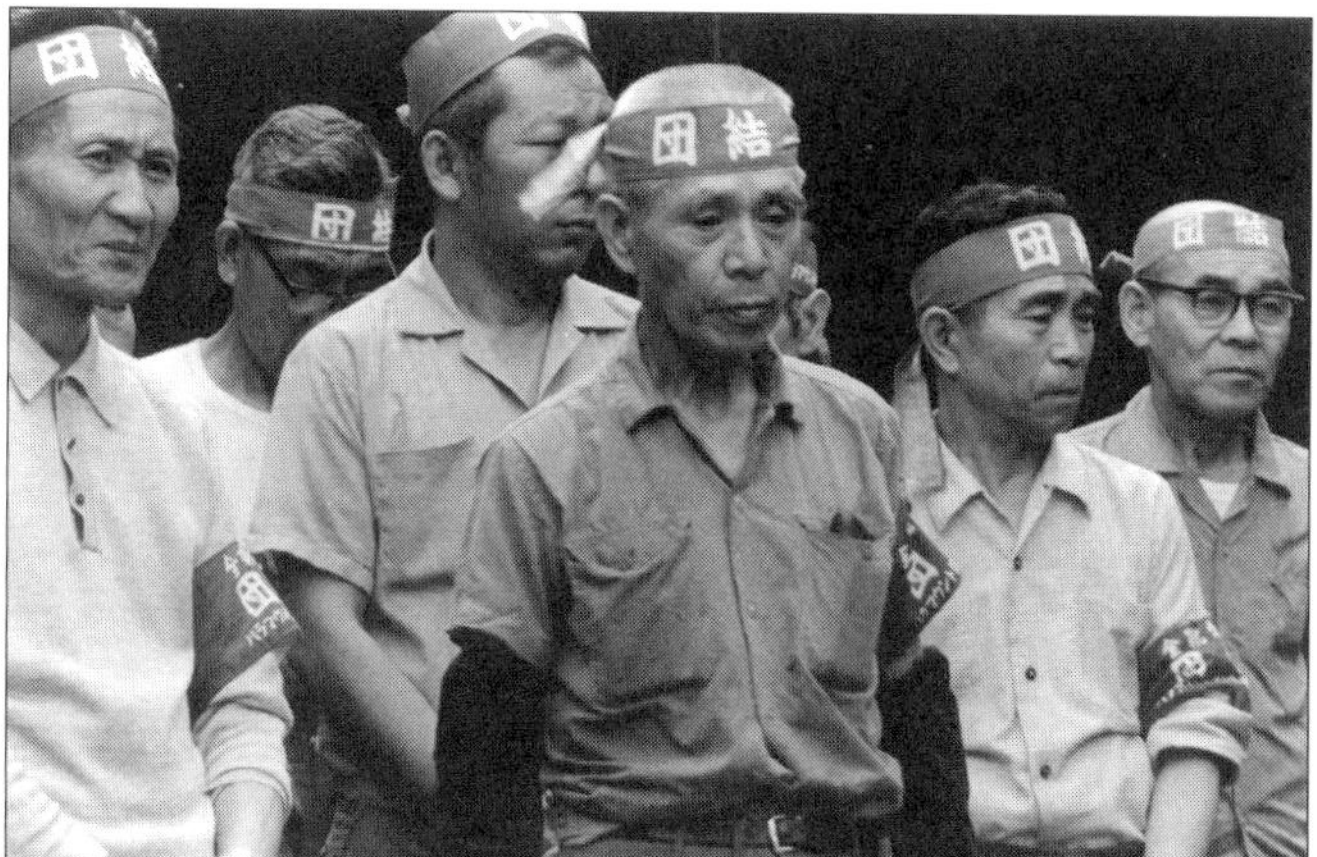

初期のパラマウント争議（撮影・金瀬胖）

一　東部労働運動の舞台と時代背景

1　職と生活の下町

今、東京上空を小型機で飛行すると、無数のアメーバーが際限なく細胞分裂を繰り広げている光景を見るようだ。高層ビルの一群が出現してからは、見る者まで巨大なアメーバーに飲み込まれる錯覚に陥る。

話は東京がまだ巨大国際都市ではなかった頃に遡る。一九六〇年代半ばまで記憶を辿っていくと、下町労働者たちの舞台が筆者の脳裏には蘇ってくる。

下町は東京の東北部に位置し、墨田、台東、荒川、江東区を中心に、中小・零細企業が栄えたところであった。当時は東北地方の玄関口として、働き場所を求めて来る人々で人口が激増していた。それに隣接する足立、葛飾、江戸川三区は、「フーテンの寅さん」がぶらりと現れそうな長屋や土手や広っぱ、鎮守の森やお寺の境内などの田園と江戸の風情を残していた。この七区が下町エリアに位置する『東部ブロック』であった。

古くは江戸時代から荒川、隅田川、江戸川などの水路に沿った河川敷に地場産業が根づいてきた地域であった。木材業は隅田川河口から堀割によってつながっている木場地帯で盛んになり、繊維工場は隅田川沿いの浅草橋から鐘ヶ淵一帯に、皮革業は隅田川と荒川に挟まれた今戸などのデルタ地帯に、おもちゃ工場は葛飾お花茶屋といったふうに、独特な伝統的地場産業をつくり出してきた。

そのような地場産業とは対照的な景色がつくられてくるのが、一九六〇年を境にしてであった。コンビナート建設で海が埋め立てられた。海岸線が遠くに追い立てられるにつれ、東京の住人は千葉の谷津や京浜の大森海岸で海水浴ができなくなり、子どもたちが夢中になって採ったアサリやシジミやハゼが少なくなって、やがて砂浜が姿を消した。

東京湾岸も大きく変わった。今ディズニーランドのあるあたりは、当時はまだ葛西沖と呼ばれる波の下で、アベック（という言葉ができたころ）でにぎわうお台場も、幕末に築かれた砲台の石垣しかない文字どおりの台場であった。それがあれよあれよというまに、西方は海苔舟が浮かぶ漁村の人間くさい風情が一掃され、東には豊洲を起点にして石川島播磨重工や三菱製鋼、日本化学や本州製紙の工場が続き、さらに東は千葉港に面して新日鉄や川崎製鉄の重化学工業、いわゆる京葉工業地帯である素材大企業地帯が、千葉と東京東部を結んだ湾岸線に広大な面積を占めていった。

そしてその内陸部に金属加工業が発展した。日立製作所亀戸工場や亀有工場をはじめとした大手総合メーカーの工場がコンクリート塀に囲まれ、商店街や住宅地の中に、第一次下請けから孫請けまでの中小・零細企業を従えて君臨していたのである。

また江戸の昔から商業地帯として、都心からやや外れた馬喰町を起点に、隅田川上流に沿って浅草橋、浅草につながる一帯には問屋街が栄えてきた。馬喰町・浅草橋界隈（柳橋）は繊維街、浅草合羽橋通りは飲食業に必要な厨房器具ならすべてがそろう道具街、浅草橋から浅草にかけては雑貨街、高度成長期に急成長した上野駅から下谷にかけての日光街道沿いはオートバイショップなど、下町の特徴ある問屋街で賑わってきた。

もう一つ、下町はお寺の多い町でもあった。関東には一万余の寺があり、東京都には現在でも約三、〇〇〇のお寺がある。徳川幕府時代には江戸城を囲むようにさらに三、〇〇〇を超える寺が存在していたらしいが、そのうち都心部にあった寺が関東大震災によって焼け出され、下町に疎開してきたようだ。お寺は江戸城防衛の砦としてあったのであり、下町には一、〇〇〇余が日光街道、水戸街道、旧千葉街道沿いに放射状に点在している。雑多な下町の中に侘びを刻み込んでいるとでもいえようか。このように東京東部地帯は、職と暮らしが混ざり合って猥雑なにぎわいがあった。その独特な雰囲気は権力も格式も遠ざけ、庶民の自立的な街として、濃密な人間関係と文化を育んできたのである。

その反面、東京下町は、戦前の天皇制の下、関東大震災の時の朝鮮人や中国人、社会運動家の虐殺（亀戸事件など）や、異端者を差別し排除する側面を強く持っていたことも銘記しておくべきだ。

そして、下町にとってどうしても忘れることができないのは三月一〇日である。太平洋戦争末期の一九四五年三月一〇日、「軍需工場の壊滅」を大義名分とするアメリカの長距離爆撃機Ｂ二九の焼夷弾によって下町は炎に包まれ、老若男女あわせて一〇万人が死に、江東六区はほぼ焼け跡と化したのである。この町々の路地裏には、半世紀以上経った今でも、なにげない地蔵尊や碑がひっそりと佇み、かけがえのない人々を失った惨禍に花や線香の煙が絶えることがない。表通りはマンションやコンビニばかり建ってしまったが、一歩横丁へ曲がればそんな風景がまだあるはずだ。

　物語はこの下町、東京東部地域を舞台に、そこに生き働いてきた人びとが手さぐりで始めた戦後労働運動の盛衰と、それにどっぷりハマって泣き笑いを共にしてきた人間の夢と現《うつ》つが、時空を飛び交いつつ織りなされていくのである。

2　六〇年闘争敗北にもめげない

　東部地域は江戸の中期から、庶民が働き生活する独特の雰囲気を持ったところとして活況を呈してきた。なかでも戦後の黄金期といわれた一九六〇年代、農村から流入する豊富で安価な労働力に支えられて、日本の高度成長の原動力となった地域の一つであった。

　数々の歌謡曲に唄われた上野駅や、相撲で有名な両国駅は、農村から都市へやってくる人々の受入れ口として、ごった返しにぎわったターミナルであった。ピーク期には、若年労働力不足により、中卒者は〝金の卵〟、高卒者は〝銀の卵〟といわれ、どこでも引く手あまたであった。上野駅は演歌歌手・伊沢八郎によって〝ああ上野駅〟と歌われたように、東北地方から送り出される金や銀の卵や農村出稼ぎ者たちにとって、象徴的な人生の改札口であった。人生の闇と光、その境目としての独特なニュアンスがあった。東部に住む人や働く人は南からも北からも多くの出身地があるが、人の爆発的な移動は、都市と農村における従来の関係を決定的に変えた。

そしてその時代というのは、日本中が〝金ぴか〟を一心不乱に追い求める一方で、ふるさとの崩壊、都市の中の田園が失われ、昔から綿々と続いてきた自然と人の安らぎやゆとり、一体感をいつの間にか放り捨てていく転換点であった。東部労働運動は、この〝金ぴか〟の六〇年代、町工場や下請け零細家内工業の発展に呼応して、中小零細労働者の組織化をテコに活発化していった。

戦後の関ヶ原と言われた一九六〇年、労働運動は、三井三池闘争の敗北、安保闘争における全学連の挫折によって、本格的に訪れる日本の高度成長を目前にして、広く深く沈滞したムードに覆われていたのである。だが、東部労働運動の担い手たちは、挫折ムードに浸るようなひ弱なインテリではなかった。政治的な挫折にめげることなく、由緒ある正統派の南部労働運動と比べて、風変わりな地域労働運動を生み出していった。地域運動の新興勢力と呼ばれ、安保・三井三池闘争に直接に関わってきた二〇代・三〇代前半の学生活動家や、労働現場上がりのバイタリティあふれた者たちであった。彼らがやがてオルガナイザー、略称オルグと呼ばれる労働組合活動のエキスパートとして、もっぱらそれをなりわいとするようになった。筆者もその一人であるこれらのオルグが、公共企業体等労働組合協議会（公労協）や東京都労働組合連合会（都労連）傘下の東京交通労働組合（東交）や東京都区職員労働組合（都職労）の若手活動家とブロックを組み、その脇に日本労働組合総評議会（総評）・東京地方労働組合評議会（東京地評）のオルグがおり、各地区からその運動のおもしろさにひかれ、地区労や社会党のオルグまでが集まっていたのである。このような人々が、いつしかオルグループの輪を広げて、東部一般（全国一般加盟）など新たなタイプの合同労組、つまり会社の外にある一人加盟の組合を組織して、沈滞していた日本の労働運動に、中小労働者の組織化という風を巻き起こしていった。

3　六〇年代全国一般の旋風

日本の労働者は、その総数の三分の二が組合のない中小零細企業に働き、東部はそんな中小零細がひしめき合う地域であった。

この一般運動という、産業分野や業種にとらわれないゼネラルな労働運動は、労働者階級本隊（基幹産業に働く本工労働者）の埒外に置かれ、ものの数に入っていなかった中小労働者に的を絞った組合作りであった。そしてこの運動は、高度経済成長の二重構造の下で、劣悪な職場環境や低賃金状態に置かれてきた中小労働者の不満な心を捉えていったのである。

その組織化の特徴は、今までの地域合同労組のように手工業的にシコシコやってきた個々の「点」ではなく、中小労働者の組合作りを、地域における社会的な層として横断的に展開したことにあった。これを実現したのは、個々の地区合同労組を複数集合させて組織を一本化し、広域地域に対応した「全国一般方式」の採用にあった。地域本部機能を強化し、プロの専従オルグ体制の下で組合を有効に効率的に組織し、それに対応して、職場を越えた中小労働者の積極的かつ動的なつながりが生まれ、組合が芋蔓式にできていった。

組合作りには、公然化（組合結成通告）まで手間暇かけて充分に仕込んでいく非公然活動が要求される。この期間の活動は、経営者はもとより夫婦間においても、組合結成がばれないよう秘密に仕込んでいく作業である。だがオルグが労力と細心の注意を払っても、公然化まで会社側に組合作りが知れないように成功させるのは、なかなか難しいことであった。とくに中小企業においては、社長と従業員の家族的な人間関係や地域の血縁地縁のしがらみなど、思わぬことで組合組織化が途中で発覚することも多々あった。さらに親企業やそこの労働組合、融資元銀行の意向、また得意先などの影響によって、せっかく系列企業の組合作りを成功させても、その後の組合活動に難しいものがあった。組合員は必ずさまざまに干渉され、彼らが従業員から組合員へと自立していくのに障害となる強固な企業社会体制が、内にも外にもあったのである。中小労働者の組合作りは〝賽の河原の石積み〟といわれ、作ってはつぶされ、作ってはつぶされることの連続でもあった。

組合作りは社会的な道義となる

だがこの中小企業での組織化は、そこに必ずついてまわる経営側の組合つぶしを逆手にとって、労働委員会などの公の場に、労働組合法違反・不当労働行為や労働基準法違反として法的に争うことで、社会的道義を労働者から提起する運動であった。この社会的道義は組合運動にとって重要な側面である。道義とは精神的な権威の一種であり、イタリアの共産主義者グラムシは、知的道徳的ヘゲモニーが社会運動にとって最も肝心なイニシアティブであるとして、このヘゲモニー論を展開している。この社会的道義＝ヘゲモニーは、さまざまな障害となる一家主義や前近代的な経営体質など、習慣の力で縛られてきた中小企業の従業員の隷属関係から、法の力を借りて労使関係を確立させ、またそのあり方を社会的に変えていく運動でもあった。単に虐げられた労働者の組織ではなく、社会的な道義が、作り手の側にあったのである。

労組結成の基本と条件

この世で労働者をやっていれば、生涯のうちで組合を作りたいと思う時が、必ず一度や二度はある。その動機付けは、差別と排除などの人格干渉に対する怒り型、経済的な不公平感型、仕事の評価が低いことへの不満型、経営者の人間性失格型などがその類型として上げられる。だが労働者たちが意を決して実際に組合結成をやるとなると、動機だけではできないのである。だから組合を欲する動機と同時に、組合作りの基本と条件が必要となる。

筆者のオルグの時代は、職場組合作りが中心的な課題であったので以下のようになるが、今のユニオンは一人加盟の労働者をも対象としているので、これらはもっと緩くなっていると考える。

〈基本〉

①組合作りの主謀者が腹をくくっている

②職場の労働者の中に最後まで信頼できる友がいる

③組合活動をするにあたってイメージ（家庭生活など）が持てる
④職場の外（地域・産別）に相談相手・指導者（組合作りオルグ）がいる

〈条件〉
①要求が具体的である
②それが正義であるとの確信を持って労働委員会・裁判などでも争うことができる
③経営側も何らかの改善を必要としている
④職場の中に指導的な立場の労働者がいる
⑤経営状態が理解でき、経営側にも組合作りに対する理解者がいる

以上、日本における組合作りは、アメリカなどと違って、労働法制そのもののクォリティが高いことから、この基本と条件を満たすことができれば、法制度をテコとした、労働者の価値観とは別のオルタナティブな社会的運動へゲモニーとして確立できるのである。組合作りはこの基本と条件が十分整っていれば成功率は高いが、中小の職場の内だけでこのへゲモニーを満たそうと思えば、八割方無理があった。東部における一般運動は、東部エリアをステージとして、社会的な道義を掲げ、中小企業経営を外から包囲する形で個別の経営を凌駕し、一連の地域組合作りに攻勢的に成功していったのである。

一九五〇年代後半～六〇年代、総評全国一般の隆盛を最初にもたらした運動の大きな要因の一つ

は、中小労働者の組合作りと併せて、このヘゲモニーによって中小経営者の近代化に向けた経営体質改善の指導ができたことである。併せて、その改善を職場から実現していったもう一つの力は、改善能力に欠けていた経営者に代わって職場の攻勢的な労使関係を実現した分会の、職場における労働者の道義であった。

中小職場労働者の処遇改善については、団体交渉時に単純に要求をぶつけるだけでは、解決する能力が大方の場合経営の側になく、組合側からさまざまな問題解決へ向けての提案が必要となってくる。労働時間や三六協定（労働基準法三六条）に基づく残業の取り決めなど、労働基準法違反に関する職場改善は、組合の提案に基づいた実践がなかったら何もなされなかったのである。

特に下町の中小経営者は、労務管理の面でも家内工業に毛が生えた程度であり、労資関係という概念を全く持っていなかった。労働法制などはまったく念頭になく、組合は「共産党の手先」と考える偏見にコリ固まって、赤旗を忌み嫌い恐れていたのである。このような下町親爺の頭を内側から説得して変えていくのは無理があった。だが発展していく中小企業にするためには、労使関係の確立と経営改善がどうしても必要であった。東部一般などによるこれらの組合作り運動は、同時に社会的な労資関係の確立、地域産業民主主義の実現を意味していたのである。

これらはまた企業サイドから見た場合、中小経営の標準化と近代化（賃金・労働条件・労働時間の標準化・質のよい労働力の定着）の必須条件でもあった。

社会的なヘゲモニーと、それに対応して中小労働者の職場内における仕事や作業の統制を仲間内で計画し組織する力＝労働者へゲモニーは、全く性格の異なる労働者の力であるが、浮き沈みの激しい中小零細の職場においてその二つの力を統一的に確立していった組合は、筆者の造語である「旦那（衆）組合」として、後々末永く地域労働運動と中小労働運動の拠点となっていったのである。

パトカーよりも速く

組合の結成は、初めてそれを経験する労働者にとっては現実的な側面だけでなく、精神面においても価値観の大きな転換をもたらした。

全国一般・東部一般運動は、「自己の物語」の始まりとして、具体的な成果や現実的な要求の実現以上に中小労働者の心を揺さぶった。今までの中小零細企業内の閉じた社会での人生を、労働者自らが打ち破り、〝なにものか〟になろうとするロマンがその運動に込められていたからだ。

また地方出身の労働者にとっては、そこを新たな故郷とするための闘いでもあった。東部のオルグたちは組合活動を通して、彼らが理想とする社会主義運動に、その中小労働者の心をオルグしていった。当時の中小労働者はだいたいにおいて貧しいが若く、組合の首謀者には一途なひたむきさと、どことなく性根が据わった風貌があった。

この時代はまだ東部地域の労働者は職場と住居が接近したところに住んでいた。大半が地元の親の家や、会社の寮、社宅であり、貸しアパートなどであり、日常生活は自転車と徒歩の行動範囲にあった。東部の運動はこの職場と住居の近接を最大限に活かし、経営者の労働者いじめに対して、一夜にして大衆行動による反撃を組織することができた。そのモットーは「パトカーよりも速く」であった。江戸川区労働組合協議会（江戸川区労協）を例に上げると、不当労働行為を犯した経営者に対し、一声かけるとたちまちに一〇〇人を超える労働者仲間を結集させることができた。その集団行動によって、今までいばっていた経営者の親爺を仰天させて、不当労働行為を認めさせ、労働者いじめを謝らせた。会社を地域労働者の力で圧倒したのであった。中小労働者にとってこの地域仲間の仁義による社長のビビリは、今まで経験したことのない痛快な出来事であり、以後かけがえのない物語となって仲間内に広がり、労働者たちのハートに定着していった。このように六〇年代中小一般の組織化運動は、さまざまな組合作りドラマを演じ、東部の各区労協の基礎をつくった。

東部中小労働運動は、中小零細の前近代的経営を凌駕することによって、社会的運動の位置を獲得していった。戦後労働運動において、初めて社会的な労働者へゲモニーを形成し、それによって地域組織の重要なコアとして根づいたのである。

4　七〇年代寡占化と組合攻撃

一九七〇年代は、ベトナム解放戦線の大攻勢（七三年一月パリ和平協定成立）によって幕が上がった。ドル・ショック（七一年八月）、さらに第一次石油ショック（七三年一一月）は、アメリカの世界秩序がベトナム戦争の敗北によって動揺し、国際経済・政治の不安定化が一気に噴出した。アメリカの影響力が薄れ、世界はほんのひととき平和の可能性を垣間見せた。日本では、丸紅や三菱商事などの商社は日本語のＳＯＧＯＳＨＯＳＨＡがそのまま世界中で呼ばれ、海外のエコノミストからエコノミックアニマルとさげすまれたように、国家の総力をかけてひたすら経済効率を追求していた。その国家政策と一体で進む「日の丸」企業は、石油危機をバネに、海外に向けて活動を強化するため、国内生産体制の再編成を強力に押し進めてきた。

田中角栄内閣（七二年七月）は、国内産業の再編強化策をさらに大胆な「列島改造論」として掲げ、都市から地方に向けて工場の再配置が強力に展開されていった。この過程で、東部地域からは日立製作所（亀有工場）の労働者二万人の移動をはじめ、民間大手工場が次々と姿を消し、東京は世界のなかの巨大都市へと変容していった。

七四年のインフレと不況の同時進行（スタグフレーション）の中で、財界は今にも『日本沈没』（七三年のベストセラー）するかのような危機をあおって、産業全般で工場のスクラップ・アンド・ビルドの再編強化を仕掛けてきた。通産省と財界・大手企業内組合一体となったこの産業再編強化策は、同時に大企業の寡占体制強化に突き進むものであった。この七〇年代企業体制は、海外競争力強化を旗印にして、政・官・労使・財界一体となった日本独特の産業優先政策の中でつくられていったのである（今日の日本的経営の完成）。

この大企業の寡占化は、その基盤を構成してきた専業・中小下請けメーカーに対する支配強化でもあった。そして寡占化は中小・下請企業の選別と排除でもあり、さまざまな理由をこじつけて系列からはじかれた中小企業の倒産が続出したのである。その中でも最大の理由は、全国金属労働組合（全金）をはじめ、中小企業の中の強い独立した労働組合の存在が、大企業支配にとって邪魔であったがゆえに、会社もろともつぶしてしまおうというものであった。これら陰険な「倒産攻撃」は、経済の自然現象などではまったくなかった。労働組合排除を目的意識とした、日本独特の労務政策と産業政策の帰結としてあったのである。

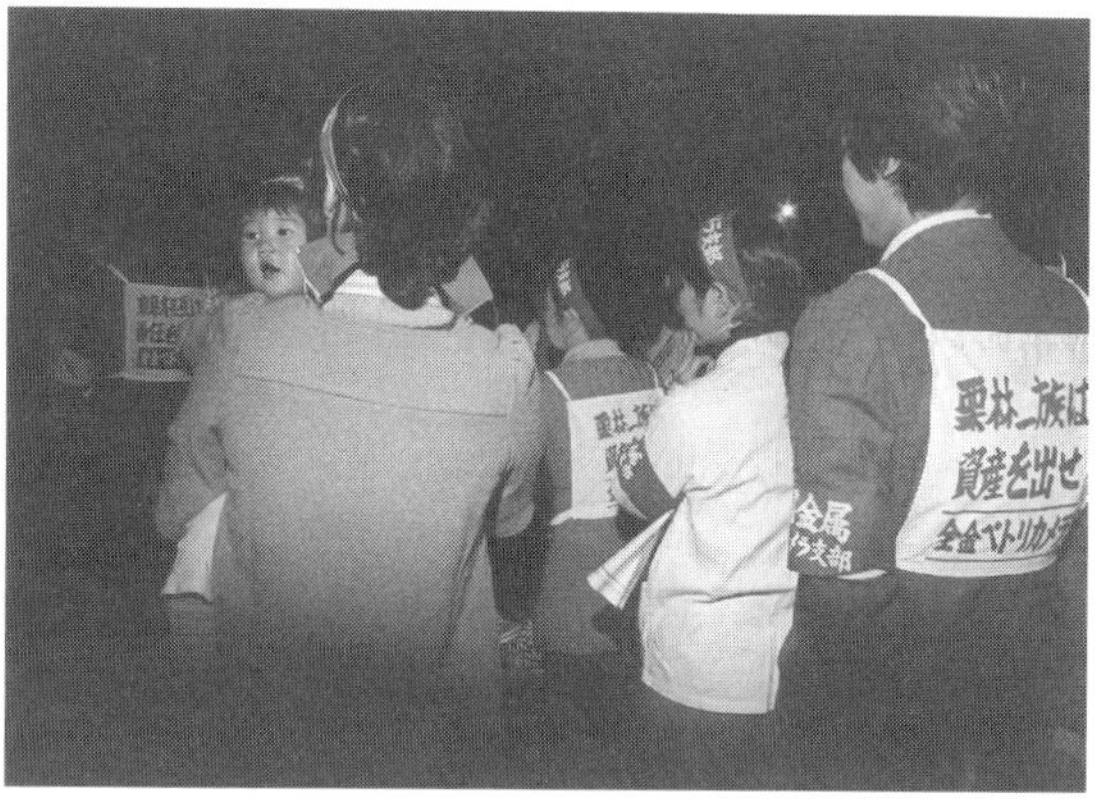

ペトリ争議（1978年　撮影・金瀬胖）

5　スタグフレーション下の争議発生

七〇年～八〇年代中期は一連の反倒産闘争が全国的に巻き起こった一〇年であった。破産攻撃のただなかで、鋭い労働問題と争議が発生した。東部において、前半の時期は長瀬ゴム・東亜理化労組などの反倒産闘争が展開された。後半には全国一般墨田合同墨田機械、全国金属浜田精機・ペトリカメラ、全靴労連パラマウント製靴などの争議が、反倒産・自主生産闘争へと受け継がれ、連続した運動が展開されていた。

同時に、企業が異端とみなした労働者や自立した組合を一掃する動きが強まってきていた。この攻撃の特徴を企業ファシズムと呼んだ。この企業ファシズムに抗して、少数組合を守り、たった一人の労働者の排除も許さない闘いや権利闘争が巻き起こっていった。反倒産闘争を核に、それと連帯して闘う組合、企業と紛争状態にある労働者の任意団体である争議団が続々と生まれ、一丸となった闘いが組織されていった。大組合が〃らしさ〃を失い、ふやけたようになって、日本的経営に溶かされていく反面、前述した組合や争議団が鋭く反応し、反撃を組織したのもこの時期であった。これは総じて地域から組織されたものであった。

この争議運動を全国の中心で推し進めたのが、東京総行動、東部総行動であった。「権利はゆずらない・首切りは許さない」、この単純明快なスローガンを掲げて一九七二年六月二〇日、日比谷公園に二、〇〇〇人が決起して、独占資本の牙城に直接迫る東京総行動が初めて展開された。また東部における反合理化（＝反合）共闘の結成など、地域総行動・争議団運動が労働運動の全面に出てきた時期であった。

これらの運動が飛躍的に前進していく契機となったのが、全金仙台川岸《かわぎし》争議での、「親会社に使用者責任有り」との判決を下した「法人格否認」の法理の確立であった。この法人格否認の法理を根拠に大衆運動として展開されたのが、使用者概念の拡大運動であった。倒産や破産の責任を工場内や企業内にとどめずに、親会社やメインバンクや取引先の商社に求めて展開された運動である。「背景資本」という言葉が作られ、これら独占の牙城に向かって、総がかりでよってたかって闘う総行動方式が編みだされた。

その一方で、倒産現場では戦後培われた権利闘争をさらに強化する形で、労働債権の確保や倒産の直接責任を追及して、徹夜交渉などによって工場使用協定が勝ち取られていった。この使用協定を根拠にして自主生産運動が行われたのである。このように戦後労働法制を根拠にして、反倒産・反大企業という社会的道義を高くかかげて、原因に迫る闘い（独占企業＝背景資本）が飛躍的に前進していった。

同業種の労組で構成する組合の本部である中央単産においても、全国金属労働組合や全国一般労働組合、全日本造船機械労働組合（全造船）や中小独立単産がこのような運動の核を担った。また全国逓信労働組合（全逓）、国鉄労働組合（国労）などの公労協、全日本自治団体労働組合（自治労）などの公務員組合が、総評の地域組織＝地県評や地区労を通して各地方・地域ごとに共闘に参加してきたが、こういったところの中央本部はこれらの運動に対して冷淡であった。

六〇年代に荒々しい組織化を展開してきた中小労働運動とって、この時期は日本経営者団体連合会（日経連）の中小労働運動対策が強化される中で、守勢にあった中小経営者の体制立て直しが進み、経営側の攻勢が始まる時であった。七〇～八〇年前半、全体としては日本的経営に大企業内組合が溶かされ、中小企業内組合がそれに引き寄せられていく一方で、総評労働運

70年代末のパラマウント（写真提供・協同センター・労働情報）

動の最良の部分が、その枠を越えて地域に展開したのである。

二　物語を作った地区労

1　地区労の生い立ち

東京には、二三区と三多摩市町村に、総評や中立労働組合連絡会議（中立労連）傘下の労働組合で組織されている地域労働組合協議会（地区労）があった。東京地方労働組合評議会（六〇万人）はその地区労を掌握するために、中央・東・西・南・北・三多摩の六ブロックに分けて地域対策オルグを配置していた。東部ブロックは足立・荒川・江戸川・葛飾・江東・台東・墨田の七区の区労働組合協議会によって構成され、三多摩に続いて地区労数が二番目に多いブロックであった。地域の労働者数はおよそ一〇〇万人、組織労働者一〇万余人と言われていた。東京における地区労結成の歴史は南部地域が一番古かったが、他の地区では総評・東京地評結成後の一九五〇年代に結成された地区労が多かった。

総評が太田薫議長・岩井章事務局長体制になった一九五八年、総評オルグ制度が初めて導入された。全国にも中小未組織対策オルグが配置され、東京地域には、総評―東京地評―地域ブロック―

地区労という比較的緩やかな総評地域体制ができていった。緩やかというのも、地区労は総評・東京地評の上意下達によって結成されたものではなく、地区単位の組合がそれぞれ自主的に集まって結成された面が強く、総評労働運動というよりも、戦前・戦後を通して日本の底辺部分の労働者の歴史を受け継いできた、もう一つのステージであったことによる。

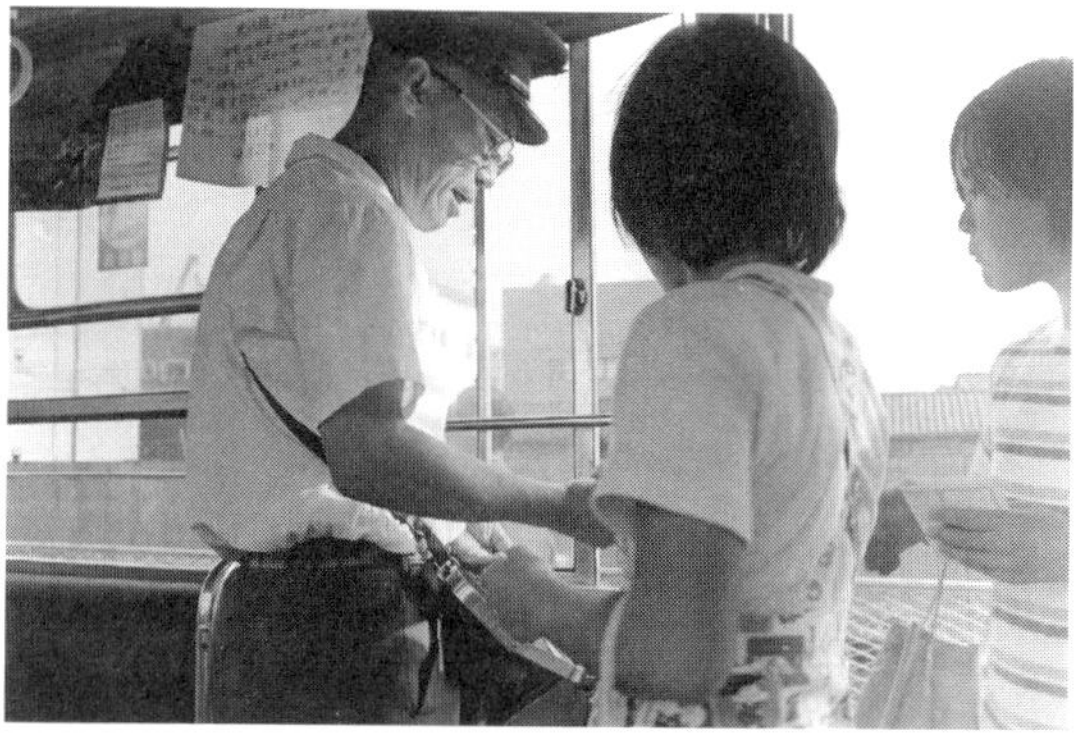

都電荒川線（撮影・金瀬胖）

このような側面から見てくると、地区労は日本の労働運動の隠された一つの社会的ヘゲモニーであり、公共性の強い社会防壁の一つであった。そのような社会的道義が地区労にあったからこそ、総評組織との関係において、上部・下部という組織形態だけではなく、イデオロギー的にも相対的に独立した組織として位置づけることができるのである。労働運動史上何度もくりかえされた分裂と再編の中でも、底辺の大衆（職場や地域）の力が比較的強く独立していたために、その影響を免れてきた側面があったのであろう。そのような歴史的な生い立ちによって、全国の地区労は、総評運動よりも幅広い労働組合の領域を持っていた。そして、地区労運動を担っていく「思想」は、労働者の大衆主義（ポピュリズム）を基礎として、日本労働運動が大きく影響を受けてきた三つの系譜、①産業民主主義・社会民主主義や②アナルコサンジカリズム（組合無政府主義）と③共産主義・社会主義を歴史的に受け継いできていた。また地区労運動は、敗戦後の混乱と世界情勢の激動、東西冷戦の幕開けの中で、政治と社会の状況に対し敏感に反応していく反失業運動や反戦平和闘争・反基地闘争、日本教職員組合（日教組）の勤務評定反対闘争など社会・政治運動のエネルギーの噴出口でもあった。総評の縦筋（単産・産別）の運動とは一味も二味も違った、政治的・社会的に特色ある労働運動を、さまざまな全国の地域で作り出してきたのだ。地区労は労働組合や労働者の戦後労働運動の統一の原点であったのである。東部では、日本のさまざまな組合に受け継がれた戦前・戦後の労働組合思想と活動家の強烈な個性によって、その地域運動思想が作られてきたのである。

2　区労協のかたち

地区労組織は、全日本労働総同盟（同盟）系を除く各区内の総評・中立労連系（春闘共闘加盟）の事業所ごとの組織（単位組合）を主力として構成されていた。また地区労加盟は、地場の独立組合や、場合によっては当時、総評と対立していたナショナルセンター、同盟の組合の加盟（葛飾区労協・東洋パイプなど）にも見られるように、単位組合の自由意思による任意の加盟を原則にしており、分裂少数組合になってもこの加盟原則は尊重された。

一九六五年以降、新日鉄（八幡製鉄と富士製鉄合併）をはじめとする大手重化学工業グループの合併・再編に伴って、総評・中立系大手の民間組合は、経営と同盟系組合とが一体となった組織攻撃で、壊滅的な打撃を受けて消滅するか、極少数組合になっていった。中立労連全造船機械石川島分会（佐藤芳夫委員長）は、資本と民連組織（同盟造船重機加盟を指向するインフォーマル組織である、職場を明るくする会）によって五年にわたるすさまじい分裂攻撃を受けた。一九七〇年、組合解体攻撃に抗して、全造船の旗を守って少数派組合（組合員数が四桁から二桁へと激減）として残った。もちろん、全造船単産（後に総評加盟）の踏ん張りもあった（三菱から始まり、石川島・住友と続くこの組織防衛を果たすことによって、全造船は少数派全国単産として生き残ることができた）。また石川島分会は組織分裂との闘いにおいて、地域の東部ブロックと江東区労協の積極的な支援を受けることによって、組合の旗を守ることができたのである。その当時の地域運動は、少数派組合であろうと、損得抜きであたりまえの組合仁義として、分会を支援したのであった。このような組合の仁義が日本の労働運動を守り抜いてきたのである。地域運動の面目躍如といっていい。

一九七〇年頃、東部の各区労協の加盟人員規模は、足立・江東が約二万五、〇〇〇名、墨田・葛飾・江戸川が約一万名、荒川区労協が約八、〇〇〇名、台東区労協が約五、〇〇〇名という順であった。それが七〇年代中頃には、工場移転、民間大手組合の区労協からの脱退などにより、組織は減少傾向を示し、特に江東、墨田の減少は著しかった。江東区労協などは半減した。足立区労協はもともとあまり大手の組合がなかったことが幸いして、八〇年を前後して、東部ブロックにおいて一番大きい区労協になった。

区労協の財政は加盟費によって賄われ（その他東京地評の春闘補助金・区からの文化運動などへの補助金・特別カンパ）、六〇年代は月・一人約二〇円前後、七〇年代は一〇〇円を上限、八〇年代は一〇〇〜一五〇円を上限として額は推移した（東京は全国に比べて会費は安かった）。区労協運動を推進する組合、専従オルグなどは、大会においていかに加盟費を値上げしていくかが大きな関心事であった。だが八〇年をピークにして、分裂している労働団体を一つにまとめようという労戦統一の進展に伴い、各区労協財政の加盟費のばらつきが大きくなり、区労協に加盟している加盟各労組の意識にも違いが生じ、区労協運動に大きな齟齬が出はじめ、拡大していった。

3 地区労オルグは動く事務局

地区労は、たとえば小さな民間の組合に間借りしていても、その区域内に独自の事務所があった。東部の場合、オルグが専従者となって、日常業務の一切合財を仕切っていた。だからオルグ＝区労協というわけで、「動く区労協」といわれ、仲間内では「吉田」区労協とか「鈴木」区労協などとオルグの名前で呼んで、皮肉をこめて親しんだりしていた。区労協活動は、オルグの個性によってその活動の性格が作られていた。さらにオルグの個性と組合旦那衆（地区労活動を無償で援助する組合役員）とが結びつくことによって、東部の各区労協の特徴ができあがっていったのである。

オルグは地域活動における何でも屋（ゼネラリスト）であった。大まかに分類すれば、足立、江東、荒川、墨田区労協は争議が得意、葛飾は地域労働者福祉活動が得意、江戸川は伝統的に未組織の組織化活動を得意としていた。各オルグのそれぞれ得意とする活動と、そのおかれてきた歴史や性格により、一層特色ある地区運動の個性が作られていった。外国人でも誰でも人好きなオルグは組合作りが上手く、後のユニオンの結成につなげ、喧嘩早いオルグは争議を得意とし、掛け合いや根回しの上手いオルグは社会福祉活動や社会党の選挙活動に喜々として励んでいった。

荒川総行動（撮影・金瀬胖）

また区労協事務所には、さまざまないわくいわれがあった。葛飾区労協事務所は私鉄京成線沿いの立石と青砥駅の中間にあり、電車が通過するたびに建物全体が揺れていた。木造モルタルの怪しげな平屋で、葛飾区の教育研修所という看板だけは立派な建物の中にあった。台東・足立・荒川の事務所は区職員労働組合、墨田は東京都教職員組合墨田支部事務所、江東は全逓城東支部の片隅などに置かれていった。七〇年のはじめまでは、区役所といっても木造建築がほとんどで、たいていの地区労事務所は、その建築物の油と埃にまみれた木の床がきしむような、奥まった部屋の片隅にあったのである。

江戸川区労協の事務所は、当初荒川の河川敷平井地区にあり、急ごしらえのプレハブ作りであったが、後に区の中心、江戸川区役所に近い新小岩に移転した。この江戸川区労協は、区の所有地に一夜城のように小屋を建てて事務所にしてしまった強者であり、後々までこの一夜城は東部の語り草になった。地区労オルグにとって独自事務所を持つことは、かつての戦国時代の武将が「城を持つ」のと似た夢であった。そしてそのような小さな区労協事務所には、地元の争議団や市民運動ボランティアなどがいつの間にか居着き、持ちつ持たれつの関係で活動をし、それらの人々で賑やかな事務所ほど運動にも活況があった。

4 小さなハレが魅力的物語に

地区労事務所は、理想的には事務機能とオルグ機能を持つ専従として二名が必要であった。だが大半の区労協の専従オルグ体制は一名であり、台東区労協は専従者を置くこともできず、どこも財政のやりくりが大変であった。二名専従は比較的裕福な区労協（江戸川）であった。その処遇と仕事は、中小企業の親爺が聞いたら涙を流して喜びそうな、労働基準法など全くないと言っていいほどの低賃金、昼夜の区別もない長時間労働であった。

地区労運動は、オルグの献身的な活動や組合旦那衆の人間的な魅力と、さまざまな地域労働者たちの自発的な運動参加とが織り合わさって展開されていった。その中でも大きな力の一つになったのは、自分自身の人生の生き方を、争議団・争議組合の闘い方に見いだした組織労働者たちであった。彼らは職場の枠を越えて地域のステージに拠り所を求め、連帯行動を積み重ね、新たな労働者

倒産争議の地域共闘（撮影・金瀬胖）

の絆を作っていった。地域労働者の中には、争議団・争議組合の労働者の闘いや、組合作りに懸命に生活をかけて闘っている当事者に対して、のっぴきならない熱い思いが芽生えていったのである。

その思いが連帯意識に変わっていくのに、さして時間を必要としなかった。ズバリ地域運動にハマってしまったのである。いつしかそれぞれの闘いにおいて当事者以上の当事者になってしまい、単なる支援連帯を超えた強靭な絆、地域労働者相互の新たな仁義が生み出されていった。その労働者たちの仁義が物語を創っていったのである。

東京都清掃下請けのごみトラックの運転手たちと東部の労働者は、瑞穂運輸に労働組合を結成したときから連帯して、わからず屋の社長との闘いに入っていた。一〇年におよぶごみトラック労働者の組織化と争議の連続運動は、二四時間ストから無期限ストに、そして数日間におよぶ〝ごみトラ〟による都庁舎包囲など、一連のドラマとさまざまな労働者たちの人生ストーリーを創り出していった。清掃下請け会社に労働組合が連続的に作られて、それは清掃下請け共闘運動に発展し、組合員が六〇〇名の大台に乗ったとき、この組合組織化運動は最大のクライマックス（と崩壊の序曲）を迎えたのであった。

またペトリカメラの若い労働者たちは、倒産と同時に工場を占拠して自分たちで工場を動かし、会社を自主的に再建していった。パラマウント製靴の老練職人たちは自分たちの工場を再建し、手作りの靴を世に出した。足立区の大工場で解雇された東伸製鋼の小川正明さんは、たった一人の争議を闘って職場に戻った。チトセの三名の女性労働者たちは最後まで解雇闘争を闘い、そのうちの二名が争議中に連れ合いを見つけだし職場に復帰した。以上はほんの一例にすぎないが、さまざまな労働者の反抗は、その数だけ輝ける物語を創っていったのである。その中には、地方公務員や全逓や国労など官公庁職場の青年労働者たちが、「アルコール青年同盟」などという同盟を作って、毎夜亀戸くんだりで酒を飲んでおだを上げていたという挿話なども残されている。

ひとは自らのストーリーを創ることなしには、人生を語ることができないのではないか。それほど物語好きなのに驚かされるのである。労働者の現実の闘いから一つひとつの物語を創っていく手助けをしたのが地区労のオルグたちであり、それらを東部労働運動という一冊の綴りにすることができたのは、東部の地域運動の中心を担った東部オルグ団であった。オルグたちは、この物語を肴にして、よく喋りよく笑い、また喧嘩をし、夜の更けるのも忘れて大いに飲んで喰いまくったものである。物語を共有することで新たな運動ストーリーが創られ、そこから次につながる行動が提起されていった。区労協運動の活動家たちはこの「飲み会」を、あたかもハレ（祭り）の儀式を司ったように、さらに魅力的な物語へと昇華させていった。総評運動は、このような地域底辺労働者たちのさまざまなストーリーとヒストリーを、部分的であったが自立的に創り出したのであった。

三　日本の組合のルーツ職場型組合

1　民主化の落とし子＝職場型組合

東部の区労協には、総評系民間組合の日本私鉄労働組合総連合会（私鉄総連）、日本鉄鋼産業労働組合連合会（鉄鋼労連）、全国金属、合成化学産業労働組合連合（合化労連）、化学産業労働組合同盟（化学同盟）、全日本運輸産業労働組合連合会（運輸労連）、また中立労連系の全日本電機機器労働組合連合会（電機労連）、全造船機械、全日本電線関連産業労働組合連合会（全電線）など、純中立系では全国皮革産業労働組合連合会（全皮労連）、全国製靴産業労働組合連合会（全靴労連）などが、事業所ごとの単位組織で加盟していた（名称は総評解散以前のもの）。これらの民間組合は日本の労働組合の典型であり、正規従業員によって構成され、業種や産業などによって企業別組合が単位（単産）となり、労連が組織されていた。企業別組合は企業内組合とも呼ばれている。

企業別組合と一口に言っても、過去と現在において、かたちは同じでも内実は似て非なる決定的な違いがあった。敗戦直後、日本の労働運動は民主化の嵐の中で、職場ごとに労働組合が組織され、新たな第一歩を踏み出した。その出発点に、日本型労働組合の特徴を解く重要な一つのカギがある。

敗戦直後から一定期間、職場型組合は労働者相互の結びつきによって強い団結を保持してきた。その労資関係は、今のように企業内ではなく事業所を単位としていた。だがその事業所内においては、戦争中の産業報国会が崩壊して、職制支配機構が宙に浮くように機能停止して、労資関係そのものがない状態となっていた。この時結成された組合は、同一事業所内の臨時下請け労働者・外国人労働者を除外した、工場の本工と事務職員によってのみ組織された組合であった。この職場型組合は生産現場を単位にしており、外部に対しては排他的、内部に対しては職場の親方を頂点とした独立王国的な組合であった。

歴史的にみると職場型組合は、アメリカ型近代労務管理が定着する六五年ぐらいまで、さらに企業の労資関係が強固に成立するまで、日本社会に広範囲に存在してきた普通の組合形態であった。それは今でも交通・運輸産業や公営企業などの労働集約的な現場において、変形しながらも生き残っている。敗戦直後、雨後の竹の子のごとく生まれた日本の労働組合のルーツであり、現場型組合の典型であった。この職場型労働組合が資本と企業から相対的に自立していた時代（四五年〜六〇年）には、現場・下部の組合組織が上部（企業＝個別資本）に対して大きな発言権を有していたのも特徴の一つであった。

2　財閥解体と職場労働組合の結成

戦後労働運動は、日本軍国主義を解体していくためのアメリカの占領政策によって、労働運動全体の発展を計画的に押し進められたことから新たに出発した。そのことを示しているのが組合の急激な誕生である。四五年の組合員数三八万人から四七年は五七〇万人、二年の間に実に一五倍もの数に跳ね上がり、組織率は五〇％に近づくなど、この占領政策の労働組合育成がいかに強力であったかを物語っている。

日本が無条件降伏を受諾したポツダム宣言に基づいて行われたアメリカ占領政策の前半から、日本の組合はポツダム労働組合といわれた。この組合の特徴は、戦後日本の民主化運動（農地解放・婦人解放・労働者解放・教育改革）の大きな柱であった財閥解体政策に拠るところが大きく、この財閥解体により分割された個別会社、その事業所（工場）ごとにまず労働組合が作られたことから出発した。このように日本の組合は、その出発点から自律的な社会形態として成立したのではなく、占領政策の日本民主化を通して他律的に成立した、にわかづくりの弱さを持っていた。官公庁の労組を中心に、吉田内閣打倒を目指して計画された四七年二・一ゼネストのマッカーサーによる中止指令以後、冷戦の開始に対応した占領政策の転換によって、反共主義と日本資本の成長に対して、なすすべなく企業内組合に変質していく大きな原因を内包させることになった。このようなアメリカ占領政策と、日本における下からの民主化運動の二つの力のせめぎ合いが、日本の労資関係の出発点となり、日本的な労働組合の原型を作ったのである。

その特徴は次のとおりである。

第一は財閥解体政策の帰結として、個別会社に分解されたその事業所単位の職場に組合の出発があったこと。そして労資関係はその事業所内における労使関係であった。

第二は産業民主主義を基本とした高い水準で戦後労働三法（労働組合法四五年一二月公布、労働関係調整法四六年九月公布、労働基準法四七年四月公布）が制定され施行され、これらの法の運用にあたっては、労働省・労働行政の適用（取り締まり）対象を、各事業所ごとの狭い枠組みにしたことであった。

第三は労働組合の枠組みがこの事業所ごとの職場型組合であったこと。

第四は外国人労働者や下請け臨時労働者を除外した正規工員・職員に組織成員を絞ったこと。

第五はポツダム組合といわれるようなにわかづくりであったため、社会的な基礎が脆弱であったこと。

以上が戦後労資関係の性格を大きく規定した出発点における五つの要素であり、それは生産管理闘争に典型的に示されていたのである。

3　職場組合と生産管理闘争

一九四五年八月一五日、日本の敗戦を前後して最初に決起したのは、炭坑・鉱山などに強制連行された外国人、朝鮮・中国人などの労働者たちであった。だがそれとは連動することなく、別個の形で戦後労働組合の誕生は巻き起こったのであった。敗戦と同時に旧来の社会システムが崩壊し、天井知らずのインフレと食糧難の社会危機の中で、「食える給料をよこせ」という飢餓賃金突破の要求を掲げて、戦後労働組合は雨後の竹の子のように生まれたのである。そして反軍国主義と財閥解体を旗印にした政治性の強い民主主義運動と、企業内・事業所ごとの民主化運動として展開されていった。

日本における戦後組合運動の特徴は、第一歩として職業的な団結にも、また各産業の社会的「労・資」関係の構築にも向かわなかったことであった。産業内の労使自治・労使対等を旨とする西欧の産業民主主義とは異なり、事業所内におけるもっとも身近な「従業員民主化」運動として展開されていったのである。その一時期を要約すれば、敗戦当時の社会秩序の崩壊と社会危機の中で、この民主化闘争は日本共産党の指導のもとに、主にはガチガチの共産主義をかかげる赤色労働組合主義として政治闘争化の道を突き進み、アメリカ占領軍の庇護の下に大きくふくらみ、そして占領権力の厚い壁に跳ね返され、挫折していったということである。

だが日本の労働運動として注目すべきは、敗戦直後に生まれた、労働組合が一時的に企業経営を管理する生産管理闘争であった。生産管理闘争は、第一次読売新聞争議が火付け役となって全国の労働組合に波及していった。この争議は、資本家の戦争責任の追及と、社長副社長以下全重役局長の退陣を要求して会社側と全面激突となり、「全社員の結束によって紙面制作を継続すること」によって、読売新聞の紙面は一夜にして変革され、今様に言えば、社会的有用生産の闘いに突き進んでいったのである。

個別的には、組合が一定の権利を得て経営協議会の設置を見て解決したが、その運動の影響力は全国全産業に波及した。四六年五月のスト件数四二件に対して、生産管理闘争は五六件にも及んだ。

その影響力の一例をみてみよう。日本鋼管鶴見製鉄所においては、賃金三倍要求を柱に二、〇〇〇名の組合が結成された。だが要求は受け入れられず、結成二日後に生産管理体制に入っていった。この管理機構は、組合執行委員会の下に、課長以上をのぞいた各部門の職場代表、役付き工員による管理委員会・工場委員会・生産販売課責任者会議（職場委員会）の協議体が設置された。組合による生産管理は、この機構を動かすことで、生活必需品の主な配給から、生産計画、作業方法、薄型鉄板の売却などの事業所運営を行っていった。しかし、配給代金や売却代金は本社に納められ、給料の支払いについても本社に委ねられていた。この管理体制では、資材・配給物資の補給が難しくなるのと、賃金が本社に握られていることで、運動の長期化にともなって必ず無理が生じてくる。日本鋼管鶴見製鉄所の場合は、その無理を補うために、一、〇〇〇人が手にした鍋カマを打ち鳴らしながら、日本橋にある本社攻めを行い、要求を認めさせて一気に解決していった。

現在行われている自主生産闘争との決定的な違いは、賃金が本社から支払われたこと、資材の購入が本社に握られており、経営指導権を本社に半ば委ねていたことなど、組合の財政政策を持っていなかったこと、すなわち事業体制運営が戦略的ではないことであった。この一例でみられるように、日本鋼管鶴見に限らず、生産管理闘争は、あくまでも組合要求解決の手段として、経営をサボっていた資本に肩代わりして、一時的に工場管理と運営が展開されたものであった。敗戦直後に始まった生産管理運動では、生産復興という社会背景の中で、組合の要求を貫徹するために、傘を開くようにして各事業所の業務管理が広がっていったのである。この闘いの意義は、職場労働者が大衆闘争によって一時的であっても職場の主人公になったこと、そして組合の団結力を戦後初めて経営者に突きつけて、その存在価値を大いに高めたことであった。

しかし、職場は工場・職場委員会の支配によって解放区になったものの、経営の管理機構に対決する財政政策が弱く、労使関係そのものを変えていくような戦略は持っていなかった。また、職場の外に向かって共同で政策を一致させる運動に転化することもなかった。むしろ、会社それ自体を不可侵のへゲモニーとして、組合指導部が一目置いていた要素があった。それは後の高度成長へゲモニーの国民的合意につながる、戦後の会社神話の始まりであったと考えられる。だからその労働者のエネルギーは、会社へゲモニーを迂回する形で、ゼネスト体制・機動戦として先鋭化していった。そして運動の総括と戦略を抜きにしたまま、四七年二月ゼネストの挫折の後、労使一六団体（全日本産業別労働組合会議（産別会議）、日本労働組合総同盟（総同盟）、経済同友会、日本産業協議会（日産協）：後の経済団体連合会（経団連）ほか）によって経済復興会議が結成された。これは産業民主主義体制とはほど遠い、形式的なものであった。

4　争議の敗北と職場労働組合の衰退

一九四七年、アメリカの世界戦略がソ連封じ込めへとシフトし、同時に日本における占領政策が大きく転換していった。アメリカが今日の軍事帝国になっていく、いわば出発点であった。そのことは労働運動に決定的な影響力を与えた。

第二次世界大戦が終わり、世界の労働組合が大結集して、四五年九月、世界労働組合連盟・WFTU（世界労連）（World Federation of Trade Unions）が民主化の奔流を体現し、結成された。だがその大同団結も束の間であった。四九年九月には、アメリカのソ連封じ込め経済政策であるマーシャルプランの援助をめぐって分裂し、国際自由労働組合連盟・ICFTU（国際自由労連）（International Confederation of Free Trade Unions）が同年一二月に結成された。世界の労働組合にも東西対立が持ち込まれたのであった。

日本においてもその転換点となったのが、連合軍総司令官マッカーサーによる四七年二・一ゼネストの断固たる中止指令であった。この中止指令を境にしてアメリカの占領政策は、これまで計画的に進めてきた労働運動の育成政策をやめて、日本独占資本の再建を後押しし、左翼社会運動勢力の封じ込めへと方向を転換したのであった。育成政策のおかげで、戦後の運動過程を指導した共産党・産別会議指導部は、アメリカの戦略的な転換にともなった内外情勢に対応できず、二・一ゼネスト挫折の総括と自己批判をめぐって対立を一気に深めていく。産別会議の組織分裂そして崩壊、まさに傘の止め金が外されるように、生産管理闘争・労働運動は萎んでいったのである。

これは言いつくされていることであるが、共産党指導部が、アメリカ占領軍を解放軍として規定したことの致命的な誤りや、党が組合の中で意思決定をするための組織細胞であるフラクションによる組合引き回し、つまり党の影響力の行使の弊害が決定的となって、分裂と崩壊を経て、産別会議民主化同盟が発足（四八年二月）した。マッカーサー指令による、日本政府の政令二〇一号（四八年七月三〇日）の公布と官公労のスト権剥奪に対して産別会議指導部は、ゼネスト戦術から地域人民闘争へと路線転換していった。この時点から、日本共産党は政治的に自己矛盾に陥って極左主義に傾斜し、その労働・大衆運動への影響力は後退していった。産別会議民主化同盟と総同盟左派（高野実）、またどちらにも属さない単産を集めた民主化同盟（民同）が母胎となった日本労働組合総評議会（総評）が、一九五〇年七月に結成された。以後日本共産党・産別会議に代わって日本の労働運動の指導権を握ったのは、民主化同盟左派・総評であった。

アメリカのソ連封じ込め政策は、軍事的な包囲と、自由主義経済育成による経済援助を二つの柱としていた。日本はその二つの戦略に組み込まれることによって、独占資本の復活と国家政治体制を立て直したのであった。朝鮮戦争の特需経済を追い風に独占資本の復活と攻勢が始まり、生産性向上運動やアメリカ型労務管理が導入されていった。それと対抗したのが、一九五四年、高野実総評事務局長に指導された地域ぐるみ闘争であった。重化学工業における資本グループ再編成過程で起こった尼鋼争議や日鋼室蘭争議、これら大手職場における争議は、地域の商店街や住民を巻き込んで、学校の父母・保護者も加わった署名運動や、近所の人たちからの差し入れなどを通して、地域ぐるみ闘争として闘われたのである。けれども今度はアメリカ占領軍ではなく、自信を取り戻した日本経営陣の結束した争議対策を突破できずに、地域ぐるみ闘争はその地域ごとに敗北して、戦後混乱期の職場型労働組合時代の幕を閉じることになった。そして訪れたのが大企業職場での資本専制支配の確立であった。戦後労働運動を牽引した民間大手事業所における労働組合の職場へゲモニーが衰退し、それが独占資本再建の突破口となっていった。冷戦体制下、戦後労働運動は五五年体制の枠組みの中に収束していったのである（自由民主党と日本社会党の二大政党体制の確立・企業内労資関係の確立・春闘体制の確立）。そして一九六〇年の三井三池闘争は、総労働対総資本の壮絶な闘いとして語られているが、それは敗戦直後からの職場労働組合を基礎にした労働運動の象徴的な敗北であった。また戦後大企業の現場・事業所での、「労・資」関係上の最後の職場型組合の反乱だったともいえる。これ以後、独占資本における事業所（職場）丸ごとの大衆的な争議は皆無となったのである。

5　企業別組合に

日本の経済は朝鮮戦争の特需を受け、これら職場型組合の敗北によって、企業のスクラップ・アンド・ビルドがスムースに進み、企業再編によるグループ化が進行していった。現場労働運動の解体と企業内の労資関係の再編成も進み、混乱期とは一線を画する新たな独占資本のグループ＝寡占体制の基盤ができあがっていった。このような職場「労・資」関係の再編を通して、事業所の労働者の団結力が弱体化し、その後の支配的な労資関係、それまでの職場型組合とは似て非なる日本独特の企業内労・資体制ができあがっていった。そしてこの企業内「労・資」関係を強固に確立していく推進力となったのが、新たな日本的経営と呼ばれる生産管理体制の支配強化であった。職場型労働組合の敗北、筆者は五四〜六〇年をその最終的な時期と見るが、その敗北は、以後決定的に戦後労働者の新たな形成を促したと考える。その結果が日本における新中間層の形成であり、日本的市民層の確立であった。アメリカの肝いりで一九五五年二月、日本生産性本部が発足し（六月総同盟が生産性本部に参加）、以後、労使、手に手を取ってアメリカ詣でが活発に行われた。

第一次技術革新（五四年〜六〇年）といわれた近代化は、生産性本部指導によるアメリカ式生産工程の機械化（オートメーション）の導入に伴い、労働組合の指導層を、職人的な労働者から大学出のテクノクラート層に置き換えていった。生産性向上運動が展開され、多くの企業で広がり、やがてそれは日本的なＺＤ運動やＱＣ運動に結実し、戦後日本の企業体制が確立されていった。

その管理の中軸をなした制度は、年功型から職能給賃金への転換と、その当時、新人事管理と呼ばれるものであった。戦後に労働組合が実現した電産型賃金＝生活給に基づいていた年功序列賃金を職能給に再編し、組合による賃金統治の部分を少なくして、職制＝管理職、とくに組合を監視するような立場の役職者による賃金査定制度を導入したのであった。敗戦直後、労働組合が電産型賃金闘争を一典型として獲得したかに見えた労使対等の賃金決定ルールをなし崩しにしていく、企業内賃金制度への移行であった。それは必ず企業側が勝つというじゃんけんの後出しだったのである。そして組合は、この制度を越える賃金闘争をいくつか試みたがうまくいかず（同一価値労働同一賃金、全国一律最低賃金、個別賃金＝自分の賃金は自分で決める方式）、ベースアップ闘争を基軸とした春闘方式へと転換していった。

この日本企業が開発した生産性向上運動のサークルと人事査定の労務管理は、職場における労働組合の自主的な文化と政治運動をも一掃していったのである。今では奇異に思われるかも知れないが、組合が強い職場では、さまざまなサークルがあり、労働組合活動の外縁で活発な活動が行われていた。歌声運動あり、囲碁将棋クラブや釣りクラブ、山岳同好会ありなどして、地域との人間関係の結びつきも活発であった。それらのコアをなしたのが日本共産党などの党活動のフラクションであった。

工場の塀が高くなるにつれ、労働者は給料稼ぎに熱中し、資本家による職場の生産性サークル運動が広がるにつれて、国民の生活向上と引き換えに、労働者の独立した職場文化は失われていった。また公安当局と手を結んで、職場活動家の調査や排除が執拗に行われたのであった。この転換過程では、いくつかの鋭い労働争議を巻き起こしたが、全体としては現場からほとんど抵抗を受けることもなく、生産現場の能率化を目標とした、I・E（時間管理）などの数値的管理が、あらゆる工場に広がっていった。いわゆる職人的町工場から「中小企業」への転換であり、同時に中小企業を支配下に再編成していく、大企業グループの寡占化の進行であった。今では神話と化した日本の高度成長時代の幕開けであった。

そして、事業所におけるこの生産能力主義の「内なる進行」は、現場の労働者の価値観を、ものの見事に二極分化させていったのである。高度成長後の流行となった労働者の「価値観の多様化」という言葉は、国民の旺盛な購買意欲（3C＝カラーテレビ・カー・クーラーなど）の陰に隠れた、労働者の価値観の二極分化だった。企業という共通の枠組みの中に、一方で組合主義的な少数の労働者、他方には企業文化に絡め取られた多数の都市新中間層ホワイトカラー（正社員→猛烈社員の考え方）に、日本的な労働者イズムの二つのかたちが作られていった。そして結論としては、戦後の労働組合の、企業枠を超えていく社会的・産業別的な団結の可能性は、五四〜六〇年までの労働争議の敗北によって、すでに現実的に企業内に封じ込められたのであった。しかし、その職場型運動は、労働（運動家）オルグたちを通して中小労組や地域に受け継がれ、労働者を新たな場所で組織化していった。また官公労の労働運動が、最後の職場型組織の砦として存在していたことも大きかった。このオルグたちと事業所ごとの組合、公労協や地公労などが、総評運動を下から支え、地区労を持続させていく大きな財政力と原動力となったのである。

四　合同労組の仁義

1　地域型合同労組

合同労組は、労働者の団結する場が一企業の内ではなく、地域・業種など、企業の外に横断的団結の場を作っている組合である。日本の場合は、主に中小・零細企業に働く労働者の組織化のために誕生した組合であった。そして、この組合は「団結」「交渉」「争議・ストライキ」をする三つの基本的な労働者の権利が、企業単位に限定されることなく単一の機関に集中されている。定期大会で代議員によるストライキ権確立の無記名投票がなされ、スト権行使が本部に委託されている。また団体交渉ごとの権限は、基本的に本部にあることが規約に明記されている。

地域を単位にした組合を地域合同労組といい、業種に組織された組合を業種の冠をつけて、何々一般労組と呼んでいる場合が多い。八〇年後半に誕生したコミュニティユニオンも地域を場にしたこの種の組合だが、正規労働者に重点を置いているのではなく、パート・派遣・アルバイト・下請け・外国人労働者など非正規労働者の団結に重点を置いた。入社式を終えてバッヂをつけ、制服を着た時点で自動的に組合員になるのではない。一人一人の意思によって加入するということが、従来のものとまったく異なった組合である。二〇〇二年現在、全国で一万五、〇〇〇人、八〇余のコミュニティユニオンが元気に活動しているといわれている。

2 全国一般の発足

総評全国一般は、現在、連合全国一般、全国一般全国協議会、全労連全国一般に分立しているが、発足当時は中小労働組合の代表格であった。

総評全国一般は、一九五一年三月に、木材産業における全国木材産業労働組合(全木労)や、地域合同労組の城南合同労働組合などを前身として、地域と業種・企業別組合の複合型、東京一般中小労働組合連合として発足した。

中小労組の歴史は古く戦前に遡る。日本労働組合総同盟（総同盟）のオルグたちによって、アメリカの木材一般労働組合やイギリスの運輸一般の組織論を取り入れ、合同労組型組織としては南葛合同労働組合など、共産党の渡辺正之輔によって指導された江東区や足立区、荒川区の製材工やブラシ工などで中小零細企業労働者を個人加盟で組織し、企業主との間で協定を結び、組合員でなければ雇うことができないという、今のユニオンショップ協定を結んでいたのである。企業別型組織＝従業員集団としては、全国合同労働組合があった。

合同労組論と産別整理論

中小運動が花開くのは、やはり戦後の民主化闘争と総評発足以降であった。合同労組を全国的に組織していくにあたっての合同労組論の基本的な考え方は、以下のものであった。

1、個人加盟を原則にする
2、各地域の実情に応じて地域合同労組を結成して、官公労、民間大単産の援助を受ける
3、中小労働者の組織化に、全国的、統一的に対処する

この合同労組論は産別論・産別整理論と真っ向から対立するものであり、後の総評運動における政党問題と並んで、主要な論争点となったのであった。

一九五五年七月、東京において、全国一般が地域労組から脱皮して全国組織の体裁を整え、全国一般合同労連協結成が行われた。その結成を受けて、総評は第六回定期大会（五五年七月）において、

吉野石膏の争議（1970年代　撮影・金瀬胖）

中小労働者組織化と全国一般労連協組織化方針を決定して、地県評の全国的な協力の下に各地方に組織を確立していった。

総評方針の骨子は以下の通りであった。

①未組織のままになっている中小企業労働者を組織するための合同労組をつくる

②地区合同労組を結集して地方労働組合協議会をつくり、その結集によって全国協議会をつくる

③合同労組の組織整理にあたっては、産業別に整理合同の原則にたつ

その当時は、総評本部や全国一般は高野実をはじめとした「総同盟左派」の強い影響下にあった。だが総評は、一九五八年に産別結集を唱えた太田・岩井体制に変わったので、その方針は産別論との妥協の産物になった。③はとくに合同労組＝産別への「溜め池論」といわれた。全国一般は、総評の全面的な援助を受けたというよりも、総評が作り出した日本独特の労働運動であった。そして合同労組論と産別論の論争は、総同盟内の総評結成派と総同盟存続派で闘われたのがその出発点であった。総評結成派は、「中小企業が良くなれば中小労働者も良くなるという従来の考え方から一歩前

にでて、中小企業労働者の生活と権利の問題を社会問題として大きく取り上げ、新しく結成された総評の場で、官公労や民間大企業の力も借りて、幅広い中小企業労働者の組織を作っていくという合同労組論。それに対して総同盟存続派は、「新しく結成された組織は官公労主体になっていく可能性が強い。中小企業とそこで働く労働者の問題は軽視されざるを得ない。日本労働組合総同盟こそが中小を守る」（倉持米三著『戦後中小企業争議史』、労働教育センター）という論理であった。

3　全国一般の矛盾

総評の発足は、当時激動する情勢の中にあって、紆余曲折したが、指導理念は西欧型の産業民主主義に基づいた産別論であった。

一般型組織論はこの産別論に対して、以下の通り補助的な領域に自己限定されていた。

一つは全国的に産別で整理できない組合――木材産業など。

二つはほとんど組織化されず産業別に整理ができない産業の組合――商業、サービス、事務労働者。

三つは化学金属など、他の単産と一番ぶつかる分野では産業別の整理にたつが、当該組合の内部事情で中小労連に参加を決めた組合、主として少人数の町工場的なところを結集していく。

この基本にうかがえるように、全国一般組織は、雑多な業種の職場型組合と合同労組によって構成されていた。だが、総評においては、官公労を除いて、組合として独立し、その産業に支配的な影響力を及ぼしているまともな「産別組織」などどこにもないのに、大会などでは毎回、大単産代

全金大東工場の春闘職場集会（撮影・金瀬胖）

議員から「産業別整理をせよ」という（全国一般に対する）批判の声が上がっていた。その度に、総評の担当局はその矢面に晒され、また全国一般は常に「組織解散」の憂き目にあってきたのである。その批判は、大企業の寡占化が強まる中で、独占の意向に沿って、その意のままにならない合同労組や職場組合の排除を意図するのが、本当のところであった。けれども、総評はその現場の問題を真っ正面から受けて立つことをしなかった。それらの形式批判をかわす立場から、総評加盟手続きに必要な要件をみたす、全国単産と同じような体裁が整えられていった。

全国一般は、擬制的な産別主義として「全国産別」という中央本部体制が取られた。擬制としての「全国産別」であったために、中小労働者の自立した横断的な地域合同労組のパッチワーク型組織と矛盾するものになっていた。また合同労組論の開かれた可能性を、擬制的な単産枠の中に閉じこめてしまうものであった。中央本部体制は、企業組合の単産と地方組織の連合機関となり、全国一般はその下での都道府県における地方本部、そして地域合同労組という縦型の単産形組織に変貌し、実体として、地域合同労組と職場型組合の集合体でありながら、およそ不似合いな中央ピラミッド型の組織的側面を持った。この組織矛盾と総評からの組織化財政交付金によって、総評全国一般もご多分に漏れず、合同労組運動が政治（派閥）利害を超えることができず、主流派（社会党）と反主流派（共産党）がせめぎあい、主流派の中でもさまざまな対立を生み出して、派閥政治型の組織体制を自ら強めていくことになった。

連合加盟をめぐって全国一般が三つに分裂したのは、産別整理論と合同労組論の妥協論に端を発していた。全国一般組織が地域において横断的な団結体を形成し、全国（中央）において縦型の組織を指向していくという、総評が初めから曖昧にしてきた組織論の矛盾が影を落としていたのである。また財政援助を含めた「寄らば大樹の陰」の論理が、中小労働運動の自立と大同団結を妨げたのであった。

中央集中型組織は、相手との機動戦（デモやストライキなど）において、外部的な目的に向かって機能している時、有効的に力を集中できる組織である。だが、目的が多様化し、陣地戦型（職場の生産コントロールや統制、労災や安全問題などの多様な職場運動）の闘いに入った時、機動的な戦術の押しつけは有害ですらある。また機動戦に基づく論理で陣地戦を組織すると、活動内容と組織形態がかけはなれてしまい、組合が必ず形骸化していき、その失敗を補うために派閥の温床になりやすいという欠陥をもっている。全国一般は労連型の組織と比べて、オルグが独立性と権限を持っているだけに、普段たいした問題ではないことが、ひょんなことから人間関係がもつれだし、一度抗争が表面化すると収まりがつかなくなってしまう。陣地型戦略観の欠如により、内部抗争においては、皮肉にも機動戦型抗争を展開させていくことになった。そしてそのような派閥抗争になってくると、組織の人間関係が派閥的人間関係に変質して、組合の柔軟な社会性が形骸化してしまうのであった。そしてもう一つ、総評・地県評の裏と表からの組織化交付金などが、全国一般を財政面からも腐らせる一因になっていった。

4　早すぎた？小が大を食う「戦略」

このような派閥の抗争が、東部地域において、まるで絵に描いたように進行した。

一九六〇年代と七〇年代初頭まで、東部地域運動の主流派では、社会党の国会議員候補の公認とその選挙闘争で、全電通派と全逓派に分裂して抗争が繰り返されてきた。そのあおりで全国一般組織も、東部一般（全電通系）と南葛一般（全逓系）に分裂したのである。両者の抗争は泥仕合と化して、各区労協の覇権を求めて繰り広げられていた。この頃の社会党は自民党と並んで一方の雄であった。東部地域は社会党委員長浅沼稲次郎（六〇年安保闘争直後のテロにより死亡）の選挙区でもあり、東部地域において強い基盤を持っていた。この抗争は東京全体をまきこんで、長期にわたって続いたのである。全国一般東部一般の分裂の原因は、この社会党候補抗争が引き金であった。役員やオルグの互いに相容れない強烈な個性によるところも少なくないが、単純にそれだけの問題ではなく、先に述べてきた全国一般の持っている組織矛盾が根底にあった。

東部においては、この抗争をきっかけに、主流派の組織はオルグの数だけ組織があると陰口をたたかれたように、この種の一般組織はいくつにも分裂して、まるで戦国初期の様相を呈していた。まず東部一般から南葛一般が分裂した。それから全国一般東京地本から東京一般が脱退して、合化労連関東化学一般全統一を結成した。この東京一般の脱退は中小全国一般運動の基本的な転換、すなわち産別化運動への転換を意味していたのである。そして数年も経たないうちに、産別選択をめぐって、化学系（合化労連加盟）、情報系（電通労連加盟）、純中立全統一労組（黒門町）の三つに再分裂した。この産別選択を評して当時の今泉清江戸川区労協議長は、小が大を食う戦略として提起したのだと述べていた。だが合同労組が産別を食う時代は、欧米においてはチームスターなどによって実現しつつあるが、この日本では未だ訪れていないのである。

このほかに、全国一般東京地本の墨田合同（後の東部合同）、そして地域合同労組の江東一般、また上部団体に属さなかった東京東部労働組合などが、それぞれ東部地域に合同労組の屋台を張っていたのである（総評解散前の名称）。以上のように、東部の地域において一般型労組は、分裂につぐ分裂を繰り返す歴史のただなかにあった。

良くも悪くもこの組合の分裂・分立の直接の当事者であったプロのオルグの対立抗争は、オルグたちの元気さの証明でもあったが、総評一般型労組が戦後労働運動の主座に座る時期は永遠に訪れることはなかったのである。この抗争の中にあっても、東部各地区のオルグは東部オルグ団を結成して、比較的仲良く、争議運動や組合作り活動に地区労全体の協力体制を組んできたことは、一つの光明であったと思われる。

そしてこの組織のもう一つの大きな問題点は、地域合同労組においてさえも、安定した労使関係が作られてくると、その労使関係の場が企業内に引き戻されていくことであった。特に組合員数が多くなればなるほど、また企業内の多数派組合ほどその傾向を強めていった。このような労資関係の安定化は、合同労組の実質的な三権が支部や分会（事業所単位）に移行して、日常的な労使関係が企業内に定着していくことでもあった。そしてこの傾向に対して、運動論として日の目を見ることができなかったが、職場運動＝陣地型闘いを地道に展開してきた組合が、全国一般の本当の運動を支えてきたのであった。

5　底辺で支えた中小旦那組合

この安定して組合員数の多い組合のいくつかが、彼らが組合結成時に受けた有形無形の恩義を、その後の地域運動に返していくという仁義を持っていた。これらの単位組織は、財政においても政治行動においても一般型労組本部を支え、また地区労運動において重要な役割を果したのである。筆者はこのような組織を「旦那（衆）組合」と呼んできた。

総評華やかなりし頃、この「業界」筋の自称プロのオルグは、だいたい産別主義を語る人が多かった。また日本の労働運動が弱いのも欧米的な「産別」がないせいだと言って、簡単に片づける自称「プロ」が幅を利かせていた。この傾向は今日の労働組合主義も引きずっている。むしろ日本においては、職場型組合に西欧型産別主義の萌芽があった。その生成回路は産別ではなく、地域にあったのである。企業内組合と似て非なる職場型組合、さらに一般型労組から生み出された地域労働運動を支える旦那衆組合こそ、日本の労働者大衆の中から生み出された自立的労働組合の気質を作り出してきた。その気質は「仁義ある」組合とでもいうにふさわしい。そしてこの職場型組合が、組合作りの機動戦から職場運動の陣地戦へ転換して、運動を持続発展させたところは、企業内組合にならなかったのであった。後に述べるが、それらの組合が、地域労働運動に大きな足跡を残すことになっていった。また、かつての官公労の組合においてさえ、現場に組合が根付いていた職場には、この仁義ある労働者気質が色濃く残っていた。

五　総評御三家の位置を占めた公労協

1　むかし陸軍いま総評

日本が敗戦を迎えた時、連合軍の空襲（空爆）によって都市は焼け野原と化し、ほとんどの工場が破壊されて、機能マヒ状態にあった。それに加えて外地からの復員者によって、官公省庁の職場は厖大な人員で膨れあがっていた。たとえば国鉄総連合は五三万二、〇〇〇人、全逓信従組（後の全逓・全電通）は三八万人の組合員を擁し、官公労組の組合員は一七八万八、〇〇〇人であったから、その職員総数は二〇〇万人を超え、また組織労働者の三割強が官公労働者であった。

敗戦後、民主化の嵐の中で、日本政府と資本が積極的に手がけたのは、企業整備と官公庁の大量人員整理・首切りであった。四七年の二・一ゼネストは、全官公労働者二〇〇万人の越年資金を含む一〇項目要求と、飢餓線上にいた国民の気分が一体となって、政府打倒へと上り詰めていった闘争であった。占領軍総司令官マッカーサーによって二・一ゼネストは中止され挫折したが、その後も国鉄と全逓を先頭にした全官公労組が反撃を組織し、政府とわたりあった。

だが四八年七月二二日、マッカーサー書簡が出され、政府はそれを受けて政令二〇一号（四八年七月三一日公布・即施行）によって、ポツダム宣言と憲法に背を向けた民主化抑圧政策・労働基本権剥奪に転換していった。政令二〇一号は、戦後刑事罰から解放されていた組合の争議行為を後ろに引き戻し、官公労働者の争議行為全般に対して刑事罰を科したのであった。それに抗議して職場離脱した国鉄と全逓の一、五〇〇人を越す青年労働者たちに対して逮捕令状が執行された。

その後官公労働組合の力を削ぐために省庁再編が行われ、一九四九年六月の公労法成立によって、全逓信省から通信部門が分割された。行政機関定員法・レッドパージと経済九原則＝ドッジラインに沿って一〇〇万人員整理の嵐が吹き荒れ、公務員法、公労法、地方公務員法など複雑な法の下に分割されていった。政令二〇一号の発令は、戦後官公労のスト権奪還闘争の、苦難に満ちた闘いの幕開けであった。いずれにしても、戦争によって産業が破壊され、戦後においても遅れて出発した日本資本主義。復興には「官」指導の社会的インフラの確立と社会資本投入を必要とした。その事業を担った政府現業・公営企業は、七〇年まで日本経済の〃先導役〃であった。そこで働く官公労働者は、数の多さと同時に社会的なパワーを持っていた。敗戦直後、俗に言う官公労の組合が、総評の労働運動と政治闘争のバックボーンであった。国労・全逓・全電通など公労協は、「昔陸軍今総評」と言われた時代、総評最強の部隊であった。

その公労協（一九五三年発足）は、三公社五現業の正規職員によって組織された労働組合の協議体であった。三公社の総評系組合は、日本電信電話公社の全電通労働組合、日本国有鉄道公社の国鉄労働組合（国労）・機関車労働組合（後の動労）、専売公社の全専売労働組合。五現業では、郵政省の全逓信労働組合（全逓）、林野庁の全林野労働組合、大蔵省印刷局の全印刷労働組合、造幣局の全造幣労働組合、アルコール専売労働組合。そして同盟系の極少数派組合があった。東部地域においては、東部公労協を組織した国労江東・上野・隅田川支部、全電通墨田・台東支部、全逓東部・各支部、専売業平工場支部などがあった。

2　民同の時代と「政治闘争」

政党との関係における特色は、国労が民主化同盟＝民同（社会党左派）と革新同志会＝革同（共産党）の仕切りによる社共統一型、全逓は共産党排除による社会党支配の民同左派指導型、全電通は共産党排除による右派社会党支配型であった。もっとも公労協各組合は、出生からして労働組合を共産党フラクション指導から奪うために生まれた組織、民主化同盟によって再編成された組合であった。

公労協各組合は、公社と呼ばれた公共企業体と政府現業の省庁との間で労使関係を持ち、その背後には自民党・政府の支配があった。またスト権が二〇一政令によって奪われた歴史的経緯からして、要求を実現させる手段として「政治闘争」を強める必然性を持っていた。その「政治闘争」は、五五年体制における歴史的な国民運動に対応したものであった。組合の要求実現と国民的「政治闘争」とは、公労協運動においてはまさに不可分の関係であった。そのため社会党勢力を伸ばすことは組合の利害と一致し、組合運動強化と一体化したものであった。また、公労協は総評・社会党の接着剤であると同時にバックボーンでもあった。全盛時、社会党国会議員の過半数が総評単産出身であり、その大半が公労協出身であった。地方議員も同様の構成になっていた。その官公労系の国会議員は自民党の一派閥を越える数を誇った時期もあった。

総評の国民運動の大衆的政治闘争を担ったのも、全逓・国労を中核とした公労協であった。公労協はスト権を奪われたことによって、要求実現の方法として、民間労働組合にはない雇用者・政府を直接相手にした政治闘争主義の性格を持っていた。五五年体制下の総評の政治闘争は、六〇年の安保闘争で最大の盛り上がりを示し、六五年の日韓闘争、六六年のベトナム反戦、七〇年沖縄闘争など、国民の直接大衆デモンストレーションを担う一方で、社会党を窓口として自民党・政府に対する圧力の手段として、労使双方が国民運動を積極的に利用する側面を持っていたのである。左翼活動家が公労協幹部を、今では死語になってしまったが、「みんどう!（民同）」という裏切り者をさげすむ言葉で呼んだのも、以上のような歴史的経過に由来していた。

新大手町ビル内で造船合理化反対集会（1970年代後半　撮影・今井明）

3　大きな意味は職場型団結

従来の組合の特色は、なんといっても政党・党派による色分けであった。その色分けが労働組合の性格までも特徴づけてきたが、「ソ連・東欧」が解体してしまった今となっては意味を失いつつあり、組合の本来の個性が問われる時代になったともいえる。労働組合は、政党色がどうあれ、労資関係を基本として作られてきた。また組合の特徴を決定づけているもう一つの事実は、上部と下部（現場）における力関係である。

公労協各組合は、政令二〇一号によってスト権が禁止されていた点を除けば、民間の企業内組合と、組織的な性格においてなんら変わるところがなかった。単純明確な企業内ピラミッド型組織形態の、規模の大きな単組であった。ただが他との大きな違いは、公労協は職場型団結を永きにわたって包み込んでいた点であり、そのことが大衆的な戦闘力を持続してきた特徴であった。外に向けては戦後社会運動における最大の動員部隊として大きな役割を担ったことである。公労協は圧倒的な量と質において、戦後の政治と国民運動を大衆運動として担ってきた。それともう一つの点の攻防こそが決定的に重要であった。それは職場型団結を約半世紀にわたって強化し、民営化まで持続してきたことであった。しかし、せっかく自分たちが獲得してきた成果にもかかわらず、全くと言っていいほど、この意味について公労協民同は無自覚であった。

4 公労協の崩壊と企業内組合への転換

この観点から、国労と全逓は職場型団結の比重が最も大きかった。また国労よりも全逓職場の方が、地域（区労協）と強く結びつき、地区労運動に大きく関与してきた。それとは対照的に全電通は、既に六〇年代の後半には、労使協定書が分厚い本になるほどになっていた。電電公社本社と組合本部との間で、強固な信頼関係がすでにでき上がっていた。電電公社のこの労使協約体制は、本部のレベルから現場の隅々（分会）まで行き届いており、協定書の解釈をめぐってしか、職場には公社との交渉の余地はなかった。その労使協約体制に収斂される過程は、職場レベルの団結を解体し再編成する、公社と組合による構造改革であった。組合機関の指導層は、その線に沿った「構造改革派」以外は選別・排除していったのであった。外部に対しても、区労協・社会党ですら派閥色から選別し、全電通に適合した派閥強化策が講じられていた。そして全電通は、公社ともども社会党の右の雄としての構造改革派を育成することになった。七〇年代に入って、地域などからの運動要請に関して、現場での判断をさせず、むしろ争議支援の要請などはシャットアウトし、組合本部統制型の組織機構に変わっていった。全電通は仕事柄、時代の風向きをいち早く読んでいたとも言える。

この時期、公労協民同派は、戦後国民的大衆運動が退潮し、運動が形骸化していくにつれて、従来のような国民運動に対するひたむきさを失い、ボス支配による社会党私物化と抗争が各地域で激化していった。公労協における現場型団結が変化していくのは、七〇年を端境期にし、決定的に変質するのは、七五年スト権ストの敗北であった。いち早く全電通が企業内型組合へと華麗なる変身を遂げていった。特に旧来型の現場型民同幹部は全電通組織から外部団体にとばされ、静かに組合の表舞台から去り、それに抵抗した職場活動家なども片隅に追いやられていった。この職場での力関係の大きな変容は、公労協各組合が、後に民営化攻撃の中で穏健な企業内組合に変わっていく、最初の兆候であった。全電通労働組合は、公営企業における日本的労使関係の最初の「完璧な実践者」であったのである。

5　転換できなかった全逓の欺瞞者

全逓は職場型団結が強かったが故に、全電通のように丸ごと企業内型組合に移行することができなかった。

七〇年以降、職場労働者の団結に対して、当局の手によって生産性向上と称して労働組合を弱体化する「マル生」という容赦ない攻撃が襲いかかった。七八年暮れ、年末年賀状の繁忙期を盾にと

越年闘争で解雇された58人の全逓組合員と全造船の指名解雇撤回を要求する東京郵政局内集会（1979年　撮影・今井明）

って、全逓は組合破壊攻撃に対して総力を挙げ、労務政策転換という職場労働者の反撃を決行した。だが戦略を欠いたこの反撃は、七九年、「四・二八処分」という五八名の解雇と大量処分を当局から受け、この処分を契機にして、権利の全逓といわれた組合原則まで放棄することになっていった。全逓民同は左右を問わず職場型組合を当局に叩き売って、ただ組織温存の保身を図っていくことになった。容赦ない当局の攻勢に対して、全逓幹部は組織を残し、また自らが生き残るために、現場型団結を解体する側にまわり、民同派としての政治的独立をも放棄していった。そしてほとんどの幹部が、当局によって育成された政権構想研究会派閥に鞍替えをして、その中に収束されていった。このような組合幹部は欺瞞者であるとしかいいようがない。

全逓の「欺瞞」幹部は、「四・二八処分」から五年も経たないうちに、全逓本部に従わない四・二八解雇者と職場活動家の差別と排除を行い、今まで勝ち取っていた労働条件、労働時間や賃金等の切り下げなど、組合として無惨な状況が広がっていった。そしてこんにちに至るまで二〇年間、四・二八処分解雇撤回を闘い抜いている労働者たちは、郵政当局と全逓の欺瞞を告発し続け、新たな郵政労働運動の再構築を目指し、非正規雇用の労働者たちとの協同的なユニオンを構築しつつある。

6　公労協の影響力

国労の場合には、職場型団結と「左翼」の存続を賭け、修善寺大会（一九八六年一〇月一〇日）を突破口として、中曽根政府による国鉄分割民営化攻撃のまっただなかで決起していった。その攻撃の中で、分割民営化時に一万人近い職員がＪＲに採用されず、清算事業団に送られ、三年後に一、〇四七名が清算事業団をも解雇された。この国家的不当労働行為に対して、国労は闘争団を組織し、一、〇四七名の解雇撤回を求めた国鉄闘争が現在も闘われている。

総評・公労協は、東部地域運動に対しても、二つの大きな影響力と役割を担ってきた。一つは反戦平和・護憲運動や地区のさまざまな国民・政治運動への影響力と主力部隊としての役割であった。この分野は職場の活動家・労働者たちが担ってきた。もう一つは、公労協幹部たちが、地区労事務局や民間組合幹部を、社会党選挙に協力させるために行った世話役活動と宴会政治であった。この世話役活動による人間関係作りは、全逓幹部が実にうまかった。また宴会政治は全電通幹部が得意とするところであった。職場労働者たちの上に乗っかって、民同派幹部が地域派閥活動で区労協などに影響力を行使してきたのである。そして東部地域でこれらの大衆的な政治行動の中心を組織的に担ったのは、国労よりも全逓の現場労働者であった。現場型の組合が、政治と国民運動についても直接担ったのであった。

7 地公労の役割

こういった公労協運動とよく似た運動を東京で展開してきたのが、地方公務員労働組合協議会（地公労）であった。地公労は公労協の運動と提携し、また時には猛反発しながらも、組織の大きさによって、総評主流派の運動・組織を支えてきた。東部地域の各区労協組織を支えたのは、東京都区職員労働組合（都職労・区職労）、東京交通労働組合（東交）、全水道東京水道労働組合（全水道東水労）、東京都教職員組合（都教組）、東京都高等学校教職員組合（高教組）などの各支部で、特に区職労は、数千人を越す組織の大きさから区労協の財政の多くの部分を支え、また役員を担った。

夢としての東部コミューン

一般型労組のところで述べたが、六〇年代の中頃、安田派（全逓）と島上派（東交・全電通）の社会党公認候補の擁立をめぐつて起こった対立抗争は、官公労組合を真っ二つに引き裂き、一〇年の永きにわたって続けられたのである。安田派には全逓各支部、南葛一般などが、そして島上派には東交、全電通、国労江東支部、葛飾区職労、東部一般などが属していた。

東部地域における官公労幹部間のこの醜い社会党内抗争は、その当時の東部の活動家やオルグが構想していた東部労働組合評議会＝「東部コミューン」という淡い夢を、木っ端微塵に打ち砕いたのであった。この抗争は、東部のみならず東京全都に拡大されて、一九七〇年代の前半まで陰に陽に続けられたのであった。

そして社会党の衰退が明確になった時点で、ようやく両派閥の手打ちが行われた。その時すでに総評運動も大きな曲がり角にあり、公労協の権威も、国鉄マル生・全逓マル生などの組織攻撃によって地に落ちていた。

地域における公労協の衰退が明らかになり、それに代わって東部の労働運動を引っ張っていくのは民間の争議運動であった。それは従来の総評・社会党のヘゲモニーが終焉を告げたことをも意味していた。

六　幕藩体制としての総評

1　総評という奇妙な存在

東部の区労協にとって最大の協力団体は、総評本部と東京地評であった。総評の正式名称は、日本労働組合総評議会といい、加盟人数が四三九万人。東京地評は東京地方労働組合評議会といい、六五万人であった（一九八五年度）。総評には単産本部が加盟していた。都道府県においては、総評加盟組織の地方本部が加盟する地評・県評組織があった。総評本部の加盟は、産別単位ではなく全国単産が原則であった。そして、全国三、二三二市町村と東京都区に対応して、地区労が組織されていた。

一時期総評本部は、地県評に対して三〇〇人余の県評オルグを配属し、人的財政的に密接な関係にあった。だが、どちらかというと地県評や地区労は、総評から相対的に独立した組織であり、地県評・地区労相互の運動を通した強い協力関係で結ばれていた。東京においても、総評と東京地評と区労協の三者は、組織の形態と財政面からいっても、上部下部ではなく、それぞれが独立の意思決定権と財政権を持つ協力関係にあった。総評加盟の単産は、総評規約において、地県評・地区労の結成と強化に努めることが明記されていた。事実、各地県評及び地区労は、総評単産の地本や支部で大半が構成されていた。

以上のように総評加盟単産の立場からすれば、総評には単産中央本部が、地県評には地方本部が加盟し、地区労には支部・分会が加盟するという上部・下部の関係であり、組織に曖昧さと矛盾を持っている体制であった。

また総評運動は「奇妙」な存在であった。それは、戦後の高揚期を経て労働組合の組織率が三割台で固定していく中で、組織労働者数の過半数にも満たない総評であったが、労働組合はもとより日本社会の一方を代表する存在であったからである。

総評は、労働組合における共産党フラクションの影響力を排除するために、産別会議派民同と総同盟左派が合流して、アメリカ占領軍の後押しで、一九五〇年に結成された労働組合のナショナルセンターであった。にもかかわらず、結成間もない第二回定期大会（五一年）で反米的な平和四原則を決定。「我々は再軍備に反対し、中立堅持、軍事基地反対、全面講和の実現により、日本の平和をも守り、独立達成のために闘う」という、全逓から出された修正案を採択した。さらに当時、反共の砦と言われた国際自由労連一括加盟を否決。一九五〇年に勃発した朝鮮戦争反対を大きなバネとして、時の日米支配体制の思惑を越えて、革新運動といわれる勢力の中心を担っていったのであった。

総評におけるその奇妙さは、第二回定期大会において平和四原則を決定した際に言われた、「ニワトリからアヒルへ」に深く根ざしていた。この比喩は、ニワトリの卵からアヒルが生まれたという意味であった。ニワトリは飼われている庭から出ようとしないが、アヒルが飼われている庭から出ていく習性をたとえて、体制の庭から外に出た意を含んでいた。このように総評は、反動化する政治社会体制に対して、国民的な激しい反対行動を展開していった。

2　護憲へゲモニーの形成

日本の警察予備隊発令（五〇年）からのちの自衛隊へとつながる保安隊など、一連の再軍備反対行動。一九五四年の、ソ連の軍拡を睨んだアメリカによる太平洋ビキニ環礁での原爆実験。その死の灰によるマグロ船・第五福龍丸乗組員の放射能被曝は核戦争の脅威を身近なものにし、原水爆禁止運動が大高揚していった。五五〜五六年、米軍立川・砂川基地などでの基地拡張反対闘争は、総評・東京地評などが国民の反戦・平和意識の体現者であったことを示した。また労働者・国民に対する弾圧立法（スト権剥奪・公務員規制法・警職法）反対行動などの国民的デモストレーション運動に、組織の総力を挙げて展開していった。敗戦から一〇年も経たない時期の反戦運動の高揚は、日本国民の多くが身体感覚で新たな戦争の危機を感じ取ったからであった。

平和と憲法擁護の世論を背景にした国民的大衆運動をテコに、総評・社会党は、米ソ冷戦対立の深まりにつれて、日本がアメリカの反共極東戦略の要であるという特異な政治状況の中で、その戦略の反対勢力の中心を占めて、戦後日本史におけるもう一つの枠組みを作ってきた。そうやって一九五五年以後、五五年体制といわれた政治体制のなかで反対勢力を代表することができたのであった。そして、総評は今で言う政治運動や社会運動を国民運動と位置づけて、労働組合の代表としてだけではなく、日本国民の一方を代表したのであった。日本社会党はこの国民運動を政治的へゲモニーとして、国会議員の三分の一の勢力を確保していた。総評・社会党は、日本の戦後的な政治・社会（五五年体制）における革新勢力として定着し、一方の社会的へゲモニーとなっていったのである。

〃革新勢力〃という言葉は、敗戦直後の民主化を推進する方向を進歩とし、それを抑圧する方向を反動として、その政治的な反動に反対する力を、革新勢力と位置づけしたものであった。むしろ時代の方向を重要視したコンセプトであり、〃民主勢力〃という共産党の物理的勢力に対抗した概念でもあった。新憲法ヘゲモニーを重要な要素として、総評・社会党を中心にして、労働者や進歩的学者や文化人たちがその周りに結集していた。従来の共産党を核とした政治統一戦線方式とは異なり、その中心は、戦後の理念であった反ファシズムや平和と民主主義を具現した新憲法であり、総評・社会党を拠り所に、学者や文化人はそのヘゲモニーの周りに結集したにすぎなかった。

3　脆弱な産業民主主義を補った総評国民運動

総評は欧米の労資関係とは異なり、産業民主主義のように社会政治体制としては確立されずに、内向きの企業内労資関係、いわば従業員民主主義としてしか確立することができなかった。これは総評だけではなく、戦後労働組合の制度的な欠陥構造であった。だが総評をして総評たらしめたことは、日本における産業民主主義の脆弱性を補完する運動として、戦後社会のもう一方の権威となった護憲・平和運動を通して、国民的権威を確立したことであった。総評と社会党は、労働運動と政治的運動を相互に補完しあうコインの裏表だった。ブロックというよりは裏表の絵図の違いこそあれ、一枚のコインのイメージに近いのではないだろうか。それゆえ、総評が転《こ》ければ社会党も転けたのであった。戦後における総評は、やがて労働運動としてのヘゲモニーと見られるよりも、護憲（戦後憲法擁護）派としての社会的なステータスの方が高くなっていった。そのことをもって、右の方から総評の政治主義を批判する組合は後を絶たなかったが、戦後労働運動の事情からして、全くやむを得ない側面だった。

このヘゲモニーとは、平たく言えば、時代劇の〝水戸黄門〟で、最後の切り札として諸悪に見栄を切る「葵のご紋」のような精神的な力のことである。筆者は、戦後日本の社会的ヘゲモニーは、一つは新憲法であり、二つは財閥解体以後発足した新生日本の会社であり、三つは新生活・豊かな生活であったと考える。戦前において、おそらくその不可侵のヘゲモニーは、天皇と軍隊と耐乏生活であったと思う。総評は政治的反動に対して、「日本国憲法が目に入らぬか」と大見栄を切って、憲法破りをする自民党政府・資本に対して、庶民に成り代わり、水戸黄門よろしくデモンストレーションをやったのだった。国民にとって、総評が実態以上に大きく見えていたのは、労働運動の権威というよりも、護憲の社会的ヘゲモニーとして存在していたからであった。それは東部の区労協にとっても同様であった。区労協の立場からは、総評が遠い存在であるほど、実体とかけ離れて権威は高く、反対に、東京地評のように近い存在であるほど、その権威を低く見てしまうという関係にもあったのである。

4　地域に咲いた新たな国民運動

東部各区労協の担い手たちは、この三者の関係を巧みに利用して、自らの運動を総評・東京地評、社会党、単産などに売り込む「職人」でもあった。東京下町というにぎやかなことの好きな独特の雰囲気がそうさせたのかもしれないが、マスコミに対するアピールにも非常に長けていた江戸川区労協議長今泉清氏もいた（二〇〇一年一二月交通事故で死去）。その頃、目立ちたがりやの東部ばかりではなく、全国の地区労は結束して、総評や地県評に対して、運動を地域で担う替わりに「人・金よこせ」の大合唱を行っていた。一九七〇年をピークにして衰退局面に入った総評は、台頭してきた大企業組合派に足を引っ張られて、運動の指導力を著しく低下させていた。そうなると組織には必ず形式主義がはびこってくる。特に総評本部のような「葵のご紋」の権威によって屋上屋を重ねてきた組織はなおさらであった。上部構造としての本部を支えてきた、実態構造である全国単産の財政力・動員力などがますます乖離し、形式主義と権威主義が蔓延していった。そうなると屋上屋は左遷された幹部の山と化し、七〇年代終わりには、単産から棚上げされたろくでもない幹部、大派閥からの派遣で無能な役員が、総評本部に捨て置かれるようになっていった。なお駄目なことに大単産のご威光を借りて、それらの幹部が権威を守るために、手続きや形式主義で幅を利かすようになることで、運動の妨害物となってきた。これらの幹部を支えたのは、組合の価値（闘いや運動の前進）とはまるで無縁な派閥による数の力学であった。このような日本労働運動における醜悪な派閥力学は、最後的には左派民同に濃厚に受け継がれていった。

たいていの組織は、市場の原理と対極にある再分配と互酬の原則によって成り立っており、特に労働組合の財政は、最も原理的な再分配の論理によって収支が行われるはずである。総評へは単産から組織人員に応じて加盟費が上納されて、大会で予算が決定されて執行（再分配）される。この再

隅田川に献花する下町反戦の参加者たち（撮影・金瀬胖）

分配の論理に派閥の利害が絡んでくると、組織（組合）としての価値が蝕まれ、再分配の結果が歪んでくる。こうなると組織は建て前と本音が分離し、予算執行の表と裏で、派閥や個人的な目先の欲得が幅を利かせるようになってくる。

槇枝元文議長と富塚三夫事務局長の時期（七六〜八五年）は、総評組織が空洞化していく時代であった。富塚事務局長（国労民同）は、総評・社会党の衰退に歯止めをかけるための民同派最後の切り札だった。全国各地域運動が注目を集め、活性化して、総評運動の前面に出てきたのはこの時期であった。就任早々、彼は地域運動（総評大会につぐ全国地域運動交流集会の開催）を総評運動の両輪の一つとして積極的に位置づけた。

東部の地域運動も従来型・抵抗型のお題目運動の壁を破って、伝統的な左翼に頼らない運動が続々と登場していった。

江戸川区労協による区長準公選運動と江戸川ユニオンの結成（一九八四年）、葛飾区労協の郵便年末アルバイトの組織化とパート一一〇番運動、東部地域全体で取り組まれた反合理化総行動、浜田精機、ペトリカメラ、パラマウント製靴などの工場占拠運動の展開、反核平和運動と軌を一にしながらの「再び許すな！東京大空襲下町反戦平和の集い運動」などなど、七〇～八五年にかけて多彩な地域運動が花開いた。それらの運動は、総評国民運動が衰退する過程で、地域運動の担い手たちが、かつての社会的な権威を逆手に取って、地域から生み出した新たな「国民運動」だった。

5　総評・社会党国民運動の崩壊

しかしながら総評は、すでにこれらの地域運動を総合化して一つの全国的なグランドデザインを描くだけの指導力を失っていた。

総評国民運動は、六〇年代後半に新たな社会運動として突きつけられた全学共闘会議（全共闘）運動などの学園闘争、ベトナム反戦の反戦青年委員会運動、成田空港建設に反対する三里塚闘争、七〇年代の水俣病に代表される地域や社会の縁辺で突き出された公害・労災問題などに真表面から取り組むことができなかった。そしてこれらの地域反乱や社会問題に対して、塀を高くして企業内に閉じこもった労・使に有効な運動の手段を講じることができず、最後はこれらの急進化する運動を切り捨てたのであった。総評・社会党は六〇年までの運動の上にあぐらをかいて、支配力を強めてきた日本的経営に対して、従来通りの反対と抵抗のお題目を唱えることしかできなかった。従来の国民運動においても、内向きの企業内支配的体制として確立された「労・資」関係が、七五年以降さらに強化されていった。それが総評政治力の基本的な限界であった。公害発生企業の大労働組合は、

総評解散大会（1989年　撮影・金瀬胖）

それがいかに重大な政治的・社会的問題であろうと、自らが所属する産別組織に守られて、総評の政治主義を断固排除して、地域住民被災者に対しても敵対して、「我が社」の企業利益を守っていった。

総評槇枝・富塚体制は、地域労働運動を総評の起死回生の切り札としたにもかかわらず、これらの地域運動を戦術的に利用しただけで、総評発足から運命づけられてきた産別形式主義の限界を超えるための、さらには戦後の反対勢力から対抗勢力へと転換するための戦略を持ち合わせなかった。また指導者としての〝玉〟でも新たな〝器〟でもなかった。

総評の歴史的構造的な欠陥は、八〇年代に台頭してきたＩＭＦ―ＪＣ（国際金属労協日本協議会）などの形式産別主義と妥協の道を選び、自ら選んだ延命策が自己崩壊の序曲となったことであった。その歴史的特異性が、脆弱な産業民主主義としてしか確立できなかったこと、そして戦後の職場型組合・地域労働運動の可能性を日本的な土壌の中で育てることを怠って、形式産別主義に労働運動へゲモニーを預けてしまったことであった。

社会党においては、西欧のように自立した社会民主主義運動として展開できずに、労働組合の産業民主主義を政治的に補完する立場に終始してしまい、「総評・公労協」党としての限界を越えることができなかった。そのように総評・社会党は、ブロックとしてあったよりも、米ソの冷戦の中で、労働運動と政治運動を相互に補完しあったコインの裏表だった。

6　その他の運動

総評・社会党に対抗する最大の運動組織は、共産党の反主流派運動であった。彼らとは総評運動のあらゆる国民運動の領域で覇権が争われていた。共産党系は政党支持の自由と選挙、原水禁運動、組合役員選挙、社共統一戦線の推進をめぐって主流派と鋭く対立してきた。

東部の各区労協においては、他の地区労と比べて比較的共産党フラクションの影響力は少なかった。

六八年、美濃部革新都政が実現し、七〇年代中半までは革新自治体が中央政府を包囲した時代であった。だが石油危機・ドルショックにより高度成長が止まると、それも崩壊していった。社共統一方式の可能性の時代ではなくなっていった。労働組合運動の個別分野において、いくつかの組合、全金東部地協や・墨田合同などを除いては企業内組合と異なることなく、総評労働運動の消極的な位置にあった。しかし、統一戦線促進労働組合懇談会が結成され（七四年一二月五日）共産党とのブロックができた後は、総評解散と連合結成に対応した新たなナショナルセンター発足に向けて、独自活動とフラクション化を強めていった。

総評の時代、共産党の労働運動は、総評・社会党の最大のライバルであったと同時に最大の協力者という関係にあった。その他、東部ブロックには部落解放同盟の各支部（大久保製壜争議を支援）、総評弁護団に加盟していた弁護士事務所、地域生協（パラマウント製靴争議などに関与）、新旧左翼系の各セクトによる活動家グループ、「労働情報」誌、カトリック教会（大久保製壜・韓国スミダ争議）、市民グループ（下町反戦・東京大空襲を記録する会・戦災障害者の会・原爆被災者の会）、「下町タイムス」（地域文化誌）などが、その時々の活動や運動に応じて関わってきた。労働運動は、職場サークルをはじめさまざまな自主的、非公式な運動を含めて成り立っていた。労働運動サイドが総てを仕切ろうとすれば市民運動などからはそっぽを向かれるし、かと言って、どんな小さな組織とも対等につきあっていくと、縦型組織や縦型運動では無理がある。いきおいネットワーク型運動と組織を志向することになり、そこに労働運動が社会的運動に転化していくキーポイントがあった。

七　地域労働運動のもう一つの価値観

1　中央と地域の対関係《つい》から社会を見る

戦後社会における中央と地域の関係は、対関係《つい》の概念として見ておく必要がある。この対関係は戦後社会の発展において、対立しながら補完しあうというものがあった。

一九七〇年をピークにして、中央と地方の対立的な均衡が崩れてその緊張関係を失ったとき、地方における地域性が衰退していったのではないかと思う。それは三、〇〇〇余市町村に過疎化が広がることによって、また〝企業城下町〟が地域においてその支配力を拡大していくことにともなっていた。

総評運動の衰退のもう一つの原因は、全国の地域のさまざまな独立的経済活動の活力の衰退であった。地方が独立性を失っていくにつれ、地域で解決できた問題が、本社や本部の意向を無視してはできなくなった。寡占化体制が地域で強化されてくると、独立メーカーや独立企業であっても、地域の独自判断が難しくなっていった。中央のご意向を無視してことが収まらなくなり、中央に対するさまざまな根回しとパイプが重要な役割を持つようになる。総評・地県評本部でも、自民党、政府、各省庁、警察、自治体、経営団体などとの多様な関係が張り巡らされることになった。総評は、こちら側の関係に強い幹部ばかりではなく、やがて向こう側とのパイプの方が強い幹部が幅を利かせるようになった。富塚総評事務局長はその入り乱れる敵味方の関係を活用することが上手かったようだ。総評が労働運動ナショナルセンターとして機能している以上、向こうとの関係で中央集権化と官僚化を強めていったことは、いわば必然であった。また同じように地方でも、そのような傾向を強めていった地県評も少なくなかった。総評時代の地県評・地区労は地域社会に根を張り、住民の一方の世論を代弁して、地方自治体や市町村を動かしてきた。だが今述べたように地域労働運動は、日本社会で中央支配力の優位が増すにつれて、中央に対して半ば自立、半ば従属という関係になり、戦後地域社会の力関係の変化を反映したものになっていった。早い話が、地域・現場が強い場合など、労資双方の中央から調整が入り、地域の解決水準が低く押さえられ、中央が地域の戦闘力と独自性を疎外することにもなった。総評本部やそれに右にならえしてきた地県評が硬直し官僚化すれば、地域社会密着型のまじめな地区労などはそれに反発をして、労働運動の基礎的な社会運動の単位としての立場を強める方向を志したのである。また地場産業がそれなりに強い地方重視型の地県評は、日本における産別運動（産業民主主義）を補う以上の役割を、その地方で担ってきた組織であった。地域社会や自治体にあたえる地県評・地区労の影響力は、東京よりも地方都市の方がはるかに大きかった。

東京における労働運動は〝中央としての東京〟と〝地域としての東京〟という二重の立場があっ

た。業界団体やさまざまな全国組織もどこも似たようなものだと思うが、東京にある地方組織は必ず中央の下請け機関化する側面があった。高度成長期の東京地評は、総評の運動下請け機関化をますます強めていったのである。なにかというと総評から金をせびるのが幹部の仕事と思いこんでいる事務局長などが、どうにもならない組織的な腐敗をもたらした。東京地評は、総評の下請け機関化した結果、当然にも東京における地域性を薄めていった。そうなると、東京における地域労働運動は、区労協に比重が移っていったのである。東部ブロック運動は東京地評の地域機能を肩代わりして、区労協運動を繋げて一つの力にしていく側面を持っていた。

2　区労協と対外活動

この東京の地域運動の身近に、市町村・区・都という自治体や東京都地方労働委員会、また国の地方行政機関などがあった。地域労働組織が地域社会の機関に対して影響力を拡大していくことが、運動の重要なもう一つの意義であった。

だがその中で、最も付き合いたくないのは警察である。集会・デモ時の申請だけなら良いが、どんなに付き合いたくなくても向こうからやってくるのが、争議などにおける公安・警備の介入であり、警察との関係は消極的な活動領域に属する一つであった。警視庁・警察署は特定の個人との個別的関係を求めてくるので、争議や運動に対する介入については、必ず組織として、面として社会的な対応を心がける必要があった。

それはさておき、地域組織が関係する機関としては、解雇問題が発生した時、保険証の継続に必要な社会保険事務所、失業の時代では比重が大きくなる職業訓練所などがあり、日常的な対応活動を要した。

また区労協はその活動領域の第一に対区活動を置いており、年間方針には必ず、勤労者福祉・地域労働者の権利の保障をはじめとする、区に対する基本要求などが上げられていた。そして対区交渉は重要な活動の一つであった。実際面では葛飾区労協などには、勤労者スポーツ・文化活動のために、葛飾勤労者野球大会の予算（一〇〇万円程度）を区から補助されていた。区における各種の審議会委員にも区労協の役員が推薦された。区内で労働争議などが起これば、運動の一つとして、労働法規違反企業に制裁を求める区（都）交渉なども持たれた。過去、最も際だった運動は、江戸川区労協による区長の準公選制運動の取り組みであった。これには議場占拠という直接行動で、事務局長、オルグが逮捕され、しかも不当な長い拘留をされたが、知事の任命制から公選制＝区長公選実現への突破口を開いた運動であった。

現在自治体や地方行政は、労働問題に関しての客観的な第三者の立場ではなくなってきている。行政の臨時職員の組織化が始まり、直接の当事者となる場合が増えてきているのだ。

3　東京都労政事務所との提携

東京都の労働行政においては、労政事務所が労働経済局の出先機関として各ブロック単位に置かれていた。敗戦直後、ＧＨＱの命令によって、最初は民主化政策の一環として、後に地域の労働組合を調査する機関として、労働組合調査活動を行ってきた。戦後激動の中で発足した労政事務所は、アメリカの占領政策の落とし子でもあったといえる。六〇年代後半まで、このような発足の経緯から、「アメリカ占領政策に委託された労働組合に対する調査機関である」という認識が一般化されていた。筆者が東部のオルグになった頃、労政事務所は警戒すべき体制権力の機関であるとする、先輩オルグたちの申し送り事項があった。また、そのような認識の背景にはもう一つ、戦後民主化の項で述べたが、日本共産党が、アメリカ解放軍規定から一転して対米従属論に変わったという、痛恨の政治論争を引きずっていたのである。

その〝労政事務所は権力の調査機関〟という認識が変わったのは、七〇年初頭、東部地域運動のセンター的な「交流の場所」を担うようになっていってからである。東部ブロックは、亀戸労政が葛飾・江戸川・江東・墨田区を管轄し、中央労政が台東・中央・千代田区、そして王子労政が荒川・足立・北区を管轄していた。職員とオルグという垣根を超えて、双方が地域労働運動を共有していった。東部ブロック運動と各労政事務所のタイアップがそのように強まっていくのは、最も保守的な行政組織においても、もはや戦後ではないという風が吹いたからである。さらに争議や組織化をめぐって、行政職員とオルグが提携して仕事を行い、信頼関係が一つずつ築かれていた。特に亀戸労政との間では、労働相談、組織化、労使のトラブルや争議の解決、情勢に見合った調査活動、春闘速報、情報交換、労働講座など地域運動のさまざまな領域にわたって、広範囲な協力関係ができあがっていった。それを可能にしたのは、時代のタイミングもさることながら、オルグと職員の組織を越えた人間関係の絶妙さにあった。そして七〇年代の中頃には、東部地域運動をモデルとした労働行政が全都に広がっていった。東部地域労働運動は、行政機関などとのタイアップをある程度作って、持っている力を相互に引き出し、社会的な力に高めていったのである。そして都の労働政策を、都民にとって意義ある内容に変えていった。また行政側の古い役人的な在り様を変えていったのは、地域労働運動にシフトした都職労・労働局支部による活動もあった。

今日の大不況の中で、社会問題化する労働問題に労働相談などで献身的に取り組んでいるのは都の労働行政・労政事務所であり、質・量においてその右に出る組織はない。労働運動においてもう一つ、自分たちの要求以外に公共の利益を実現していくという社会的役割は、公共・行政機関、自治体などに積極的な労働政策を取り組ませることを通して、労働組合の社会的価値・ヘゲモニーを確立していくことにあった。

4　労働行政の後退

労働基準監督署は、都の労働行政機関と違い、労働法規に基づく唯一の社会的強制力を持った機関であった。社会的にも道義のある労働行政を行うためには、地域労働者との密接なつながりが必要なのである。お役所仕事は、そうしないと必ず「施し」的な姿勢になり、官僚化をますます強めてしまう。だから行政に対するチェックは、労働組合の内から外からの、執拗なまでの面会行動と交渉が必要となる。そのことを東部労働運動もおろそかにしたわけではないが、具体的な違反がない限り、年一回程度の春闘時の統一交渉を行うくらいで、どうしても遠ざかりがちになっていった。

そのようなことも要因の一つだが、国の労働行政は、七〇～八〇年代を通して、都の労働行政と逆に、地域運動との関係をますます弱めてよそ者扱いをするようになっていった。労働基準監督署は、労働者に対する企業の違法・脱法行為の目やすを徐々に緩和し、指導という美名で違反企業の取り締まりを後退させていった。広範囲に起こっている経営者の違法・脱法行為は、世間にばれてしまった悪質なものでない限り放置したのである。

その結果、不法に首を切られたり、残業代が支払われなかったり、実際の処遇とかけ離れた社員募集の誇大広告、労災隠し、違法な構内下請けなど、労基法違反、労働安全衛生法違反、職安法違反などが多岐にわたって広がっていった。最初に相談に行くところが労働基準監督署であった場合、そのような処遇を受けた労働者は、よほど酷い違反でない限りは基本的に救済されることはなく、すでに七〇年代、労働者にとってそのままでは役に立たないところであることが、地区労などにおいては常識となっていた。

労働基準監督署は行政の窓口を狭くして、地域労働運動と関係を深めることを嫌った。それは労働省の、労働法規を守らせる立場から、違反などの現実を容認していく姿勢への転換を示していた。とくに若手官僚キャリア組の対応は、地域運動に対して敵対的ですらあった。地域における労働基準監督署のこの後退は、法律を守らせるものが実はそれに背を向けるという意味において、行政としての退廃が進行していることを物語るものであった。その退廃こそ、労働省などの中央における政府行政機関の、戦後民主主義の基本的な衰退を象徴するバロメーターであった。地域運動の立場に立つと、この退廃を通して、戦後革新勢力の中央・地方における社会的衰退の姿が垣間見えてきたのであった。日本における産業民主主義の弱さを、戦後の憲法に則って施政してきた政府機関は、七〇年中頃をピークにその施策を消極化し、社会法制の効力を弱める側に転換していったのである。

5　行政の退廃と社会的労働運動の萌芽

七〇年代、中央と地方の「対《つい》関係」崩壊の下で、労働運動もまた中央と地域に引き裂かれていった。地域運動が、この政治の退廃によって、法からも行政からも見捨てられた現代〝プロレタリア〟を運動として体現したのに対して、中央は、企業の枠内に封じ込められた労働者を体現していた。それは「企業市民」労働者と「プロレタリア」労働者の分断であった。この分断は労資のあり方における深い意味があった。つまり、近代国家における産業民主主義の労資関係の原則では、法の枠外に置かれた労働者プロレタリアは存在しないのであり、日本における戦後の労資関係も、建前としては労働者のプロレタリアは存在しないのである。その原則からしてこの労働者の分断は、日本的産業民主主義の社会的崩壊の始まりであった。

七〇～八〇年代地域労働運動は、企業内労使関係から疎外された労働者の反抗のエネルギーをバネとして成立し、企業内労使関係の無力化と労働行政の退廃に反発して、大資本・政府・行政などの中央に向かってシフトされ、集中的活動をした。法人格否認の法理と使用者概念拡大の論理は、以上のような地域労働運動の状況に支持され、運動化され、その運動は、東京総行動方式に象徴的に表現された。そして総行動運動には、新たな労働運動戦略の二つの方向と萌芽があったと考えることができる。

三菱の責任追及をする浜田精機の組合員（撮影・金瀬胖）

一つは、印刷機専門メーカーの浜田精機・斉藤鉄工（全国金属）・墨田機械・秋山機械（墨田合同）の労働組合が、個別の倒産反対を闘っていく中で、共通の運動課題（敵）を見つけだして、印刷四者共闘会議を作って、大手企業や通産省を相手に進めていった反倒産争議であった。これは全国金属、全国一般、東京地評、東部ブロック、地区労など、従来では共闘など考えられなかったものたち同士がこの共闘を作って「独占の市場簒奪と国家の首切り反対」をスローガンに、一丸となった闘いを進めていった争議であった。

墨田機械の例などは、中小印刷機械専業メーカーが通産省の指導を受けて協同組合を発足させた矢先の倒産劇であった。独占三菱が、ただでさえ小さな印刷機械業界に参入し、零細企業がひしめき合う印刷出版業経営者に対し、資金力にものをいわせて、六〇ヶ月割賦販売というやり方で中小メーカーのユーザーを奪っていったのである。設立したばかりの協同組合は、三菱のあこぎなセールスによって、製造しても売れない印刷機械を抱え、資金繰りができなくなったのが倒産の主要因であった。

印刷機械関連の現場労働者たちは、ラダイト（打ちこわし）運動が機械技術進歩そのものを阻止しようとしたように、倒産して売れなくなった印刷機械を大型トラックに積み込んで通産省に突きつけ、産業政策の欺瞞を追及していったのである。通産省機械情報局は当初、その倒産を協同組合経営者たちの経営責任と言って逃げに逃げまくった。だが、現場労働者と共闘会議の直接行動や、東京総行動による波状的な「通産省攻め」運動によって、ついに非を認めざるを得なくなり、行き過ぎた割賦販売自粛の通達を三菱に出したのである。

またこの運動は、「倒産」原因を、機械振興法、機械電子振興法、機械情報振興法という一連の国家産業政策の流れに求めていった。政府と独占企業の癒着＝国家独占のこの政策に対して「国家の首切り」というスローガンを突き出し、背景資本攻めから一歩抜け出た運動を提起したのであった。この闘いを展開する中で、それぞれの組合は自主再建を勝ち取って終了していった。それぞれの結果は厳しい現実の中で終わったが、筆者の知る限り、現場労働者が国家政策にドスを突きつけた闘いとしては、これが空前絶後であった。

もう一つの事例は大久保製壜闘争である（一九九七年一一月解決）。ここは典型的な同族経営のガラス工場で、真冬でも五〇度を超す灼熱地獄の職場であった。補助金目当てに多くの心身障害者を雇用し、狭い部屋に閉じ込め、生活まで差別してこき使っていた。七四年の暮れに、通常でも賃金差別されていた障害者がさらにボーナスで差別されたことに怒って、大久保製壜の労働者が決起した。この決起は文字通りの決起であった。心身障害者を含めた大久保製壜の労働者は、堀切キリスト教会に籠城して、大久保製壜検査課労働組合を結成して会社に対抗し、亀戸労政による経営者への説得や部落解放同盟の協力で、緒戦の勝利を勝ち取った。だがその後、大久保資本は従来よりもさらに陰湿な障害者差別と組合敵視政策を続けたのである。オーナー大久保実は、組合の中心的存在であった千葉辰雄さんを解雇し、同じく長崎広さんのバイクに、暴力団を使って覚醒剤を隠して犯罪者に仕立てようとまでした。この後の闘いは、大久保資本の障害者差別と抑圧に抗し、あたりまえの労使関係の確立を掲げて二三年間に及んだ。千葉さんの解雇撤回、労働基準法違反の是正、長崎さんの覚醒剤事件ねつ造への謝罪を要求し、また違反企業に対して横着を決め込んだ労働基準監督署の腐敗を社会に訴え、鮮明にさせた闘いでもあった。大久保経営者の障害者差別と虐待、深夜労働における労働基準法違反・労働安全衛生法違反、争議中の要員募集の職安法違反とそれらの是正勧告が、一つひとつかたちとられていった。おまけに社長は、覚醒剤事件ねつ造で懲役実刑を受けたのであった。

ところがご丁寧にも労働基準監督署は、この大久保社長に、障害者雇用促進による労働行政への協力に対して表彰状を出していたのである。健全な労使関係を作ることを全く拒否した社長の行為は、資本の純粋な衝動として言い分がまだしも成り立つだろう。だが、監督署のやったことは一〇〇歩譲っても、法律によって行政行為が定められている以上、あらゆる労働法と犯罪を犯した経営者に対しての表彰状は全くの問題外であった。この偽善者への労働大臣表彰を向島労働基準監督署に謝罪させ、労基法違反を是正させるのに、二三年の歳月と大きな闘いを必要とした。現場の労働者と地域の仲間が、長丁場に耐えて大久保資本に勝利し、同時に横着な労働行政の腐敗を深くえぐった闘いであった。

6　二つの争議から見えたもの

この二つの争議を中心的に担った組合は、両方とも生まれは東部地域であったが、育ちも色合いもまったく異なっていた。一方は全国一般東京墨田合同、他方は独立系の東京東部労働組合であった。だがこれらの争議には、職場労働者が直接行動で国家行政機関を社会的ステージに引き出したこと、また労資間係が一方は倒産によって、もう一方は経営者の拒否によって、直接的な関係として成立しなかったこと、そして自律的運動によって社会的関係を求めて持続し抜いてきたことなど、共通項が多い。印刷四者共闘の闘いは、国家独占の中小企業切り捨て政策を見抜き、現場労働者が直接異議を唱え、公共性の退廃にとって代わる社会的協同を運動で示した。大久保製壜の闘いは、障害者を食い物にしていた偽善企業を労働行政機関もろとも社会に告発して、障害者・底辺労働者が協同して強固な労働組合の主体を実現し、労働者の新たな組織化方向を身をもって見せた。

この二つの運動には、戦後の労資関係の閉塞状況を突破し、企業の枠を越えた、次の時代へ向けた労働運動戦略の萌芽があった。そしてこの運動への筋道をつけた「七〇年代の争議」は、法人格否認の法理を根拠にした使用者概念拡大運動をバネにして、国家独占体制に直接行動で迫った、いわば日本における労資（経営）腐朽化を突き抜けていく運動方向を示したのであった。以上のことは戦後の労働法制を守らせる立場から、積極的に法を越える可能性を知らず知らずのうちにやってしまった闘いであった。

第二章　総評の総括

組織化された外国人労働者（撮影・金瀬胖）

一　東京東部地域運動

1　三つの組織要素

東部地域労働運動は、東部七地区における地区労共闘会議、公労協と交通運輸労働組合連絡協議会（交運）共闘（私鉄・東交・日通など）の東部地協組織、総評・東京地評の三つの組織によって担われていた。

東部ブロック運動と呼ぶ場合は、東京地評の運動を指していた。そして東京地評におけるこれら三組織の共通点は、地評・社会党の強化であった。これを前提に春闘や組合の組織化、選挙闘争、原水禁、護憲運動が取り組まれていた。

東京地評は東京六ブロックに地域オルグを配置し、ブロック強化を建前としていたが、本音は社会党強化の活動をしていた。共産党系反主流には地域ブロック共闘の定義はなく、地区労を東京地域労働運動組織の単位としており、東京地評のブロック運営には否定的であった。財政面からみると、ブロックには独自財政はなく、総評本部から交付された地域対策費が、東京地評の管轄下でブロック交付金として支給され、財政の全てがまかなわれていた。反主流は以上のような事情から、

東部反合共闘結成大集会（撮影・金瀬胖）

東京各ブロックを東京地評・社会党の「持ち物」として、党派・政治闘争の対象として否定的に位置づけていた。そして東京全体における主流派と反主流派の勢力は、およそ六分四分であったと考えられる。日本全国を見ると、各地の県評がほぼ七対三で社会党系が優勢であったのに対して、首都東京においては主流と反主流の勢力は均衡していた。それゆえ党派闘争は活発で、全国から注目されており、社・共の対立と統一の行方が、全国の政治共闘運動に影響力を持っていたのであった。このように総評・東京地評においては、労働運動そっちのけの派閥闘争が必要以上に強調されてきたのであった。

さらに地評においては、社会党構造改革派（主流）と社会主義協会派（非主流）に分かれていて、社会党全体のフラクションを「大学」、各派閥を「学校」と呼んでいた。東京地評では、政党・派閥の思惑が交差する中、さまざまな名目を付けた交付金が、地域オルグの手から各ブロックに渡されていた。そのブロック交付金は、社会党が強いブロックに対しては厚く、弱いブロックには薄くというふうに、主流派書記局のボスにより配分されていた。交付金の総額は会計帳簿に記載されても明細は記載されないという慣行は、財政面からも組織を腐らせることになった。

組織運営にとって金と人が重要なものである限り、特に政治上の主導権争いにおいては、派閥優先の論理が必ず派生してくる。そして派閥は本来的に実利をそれに属する者に約束する組織であった。東京地評主流派では、派閥内の者たちでの飲み食い代を組織対策費で落とし、派閥のボスがおごるようになって、おべんちゃらとえこひいきの人間関係に堕落していった。ボスたちは毎夜のごとく手下をひきつれてスナックにくり出し、終電過ぎまでカラオケに興じては、飲み食いの領収書もタクシーチケットもすべてを地評に回した。

所詮人間の組織は、人が作り人が動かしていくものである以上、いわゆる指導者の器が運営のための重要な基準となってくるし、派閥が派閥を越えるための総合性と社会性が求められる。かつて産別民同と総同盟民同は、派閥を越えて、戦後の一時代を作ることができた。民同は敗戦の激動から安定期に向かう時代の労働団体を超えた横断的な存在であった。だがその民主化同盟が総評にあぐらをかき、一派閥に成り下がったとき、時代の役割を終えていたのであろう。従来の「共産主義」が社会から見放され滅びていくのも、時代がカオス（未分化）からコスモス（調和）に向かう途中で、派閥の原理が奥深く関与し、実利的な追求に成り下がったからであろう。

さて、この派閥における公私混同の浪費の蔓延こそ、総評・社会党の労働運動へゲモニーの内面からの衰退であった。当然、反主流派地区労の強い北部ブロックなどは、表面的にも地評方針を徐々に受け入れなくなり、東京地評ブロックが全く機能しなくなった地域もあった。また地域に配置されたオルグの力量にもよるが、東京地評ブロック運動の成立すらできず、派閥争いに終始したブロックが大半だった。

2　東部ブロック運動の自立

東部ブロックの場合は、総評を錦の御旗として、公労協や交運の親分衆をブロック運動に引き寄せて合意をはかり、その主流派のヘゲモニーをもって、反主流の色合いの違った大衆運動であっても、東部ブロックの内部の共闘として取り込んでいった。

それに重要な役割を果たしたのが東部オルグ団であった。東部オルグ団と東京争議団共闘がお互いに担保となって、主流と反主流の伝統的な反目を、争議運動に限って手打ちにしたのであった。労働運動における新旧武闘派「やくざ」の手打ちみたいなものであった。その和解を前提にして、東部ブロック共闘は東部反合共闘会議を結成（一九七七年）して、争議組合・争議団を核とした東京・東部総行動を積極的に行っていった。

そして反主流の大衆行動派からも、東部ブロックは東部地域運動のセンターとして認知されていった。区労協も単産も、そしてさまざまな党派（社会党各派・新左翼諸派・共産党など）も、現場の争議

オルグの姿（撮影・今井明）

団・争議組合の闘いや地区運動など、東部七地区をエリアとしてお互いに力を合わせ、東部ブロックを活用したのである。折しも、総評は七三年、年金などの生活制度要求ストから七四年狂乱物価を受け、国民春闘方式を導入した。以後は、組織の浮沈を賭けた総評運動集大成の政策提起と闘いへと、運動を転換していったのである。

総評は、運動の衰退に歯止めをかけようと国民春闘構築を必死に試み、地県評に対して、春闘活動の交付金を大幅に増やしていった。そのことも東部地域運動活性化の呼び水となり、この大幅に増えたブロック交付金と、公労協を中心とした行動委員会メンバーを、激化しつつあった労働争議と反合争議総行動などの大衆運動につぎ込んでいったのである。

東部ブロック共闘が三組織（区労協、公労協各単産、交運共闘東部地協）の体制として確立するのは、七四年の国民春闘に対応するものであった。東部ブロック共闘が東部労働運動におけるセンターとして総称できたのは、この時期以降、総評解散が決定する八五年までの一〇年間であった。このブロック体制に各区労協運動が重なり合い、その東部労働運動をさらに複合的にコーディネートしていた集団が、東部オルグ団であった。

二　オルグ

1　地区労・総評オルグ（二つのオルグ群）

もともと区労協の活動家やオルグの大半は、地評や総評幹部にとってはうるさい、一目置く存在であった。地区労は、屋台からして総評・東京地評より古く、戦前戦後の歴史を受け継いだヘゲモニーをもつ老舗であった。地区労幹部は、運動現場の最も近い立場におり、現場労働者や現場役員のひとくせもふたくせもあるさまざまな個性と接して、誠実でなければ信用されず、彼らに対してひたむきさをもっていなければ長続きはしなかった。だから組合活動の領域のほとんどは、経験豊富なベテランオルグによって指導されるのが常であった。

オルグの姿（撮影・金瀬胖）

　だが東部の区労協オルグは、ほとんどが若かった。七〇年の学生運動経験者が大半を占めていたが、オルグの資質として最も必要な、社会的・政治的な、広い意味での見識を持っていた。

　高度成長が始まり、資本主義が飛躍的に発展していく日本社会の状況の中で、反骨の社会意識を持った青年は、安保世代・全共闘世代の学生活動家であり、戦後労働運動における第二世代であり、いずれのオルグも政治的信念と労働者階級に対する献身的な思いと情熱を持っていた。その若いオルグたちは、地区労のベテランオルグたちから瞬く間に技を盗み、一人前になっていった。よく言えば自立的な意識をそれぞれが持ち、悪く言えば自意識過剰な〝やつら〟であった。それまでは総評や東京地評オルグになるのは、派閥のお眼鏡にかなう人間がほとんどであった。それに比べて東部の区労協オルグは、派閥のお眼鏡ではなく、各区労協活動家や先輩オルグの個人的なつてでなった奇特な人たちであった。

だが何が災いするか幸いするか予測できないのが労働運動の妙味と言えよう。これら区労協が、金もなく組織も小さかったことが、派閥によらない、自立的で柔軟で多様な個性をもったオルグを成長させることになった。

東京地評は、高度成長の波に乗って図体を大きくし、組織財政を膨らまし、派閥の論理で金と人を動かそうとしていった。東京地評の幹部やオルグの仕事は、地評の交付金をブロックを通して落とすこと、社会党選挙を利用してその組合幹部におべんちゃらを言って取り入ること、あとは派閥会議への出席、地域幹部の一本釣りで、大半は組織の上からの人間関係を通して区労協に対する支配力を強めようという活動であった。

古くから、成り上がり者は、金と力を「ひけらかす」というが、七〇年代、地評の第二世代オルグは、絵に描いたようなオルグが派閥の威を借りて幅を利かすようになっていった。東京地評最盛期には東、西、南、北、中（各一名）、三多摩（二名）の地域対策オルグがいて、以下交運（二名）、商業サービス（二名）、青年婦人（一名）対策オルグ、それと同等のレベルで国民政治局（三名）、組織局（三名）総務企画局（三名）書記の二一名が常駐していた。派閥の中で温々と立ち回ってきたオルグと現場の斬り合いの中で生きてきたオルグとは、闘う思想性もまた組合運動の組織化と争議の技量も、十両と横綱ほどの差が歴然としてきたのである。

2　共闘オルグと単産オルグの違い

東京東部の場合、労働運動においても下町セクト性が強く、ほかの地域出身者や社会党系以外は「よそ者」とされ、仲間として受け付けない気風があった。特に全逓幹部はよそ者とオルグ虐めの、度を超した排外主義者であった。筆者などはその幹部に、昔の西部劇よろしく「アパッチ」とレッテルを貼られ歯牙にもかけられていなかったが、下町生まれが幸いしてか、区労協オルグや民間の小さな組合の口の悪いおとっつぁん連中に、どうにか受け入れられて居着くことができたのである。それらの記憶によっても、東部に来る前の四年間に配置されたオルグが五人も代わっているほど、地評担当者にとって東部は「やっかいでこわい」地域であった。

筆者が東部のオルグに配転されるのにあたって、前任者（平賀健一郎さん）からの申し送り事項は四点であった。

一つ、東部オルグ団に対して決して偉ぶったり喧嘩してはならず、仲良くつき合え。

二つ、社会党の派閥とは個別的関係を持ってはならない。選挙からは適当に逃げよ。

三つ、争議と組織化は誠意を持ってどの単産・地区労ともつき合え。

四つ、交付金はそっくりそのまま東部のオルグ団の責任者に渡し、使い道を全てまかせよ。

以上は、東部地域オルグをやるにあたっての運動上の人づき合いの要点であった。

さて、この地域型オルグに対して、単産オルグは、活動上の人づき合いでスタイルと機能に対極的な違いがあった。単産・全国一般型オルグは、どちらかというと組織化、組合作りを専門とするスペシャリストで、単産の組織がホームポジションとなる、徹底して自分たちの組織のための人づき合いになり、内向きのスタイルであった。特に労働組合の組織化では、他組織と好んで喧嘩する必要はないが、組織運動優先がモットーであった。また単産・全国一般オルグは、他の組合との組織戦になったときなどに対処するため、さらに単産の政策要求などを政治・行政に反映させるために、政党・派閥議員に対して持ちつ持たれつの深い関係にあった。このように総評オルグと単産オルグは、立場も運動機能上からも全く異なっていた。

さらに労働運動全体の立場から運動をやる総評オルグと、単産個別の立場から組織化をやる単産オルグとでは、運動スタイルのみならず社会的・政治的役割が決定的に異なっていた。総評オルグ、とりわけ共闘オルグは、総評イコール日本労働運動としての総合的な立場から運動を組み立て、活動することがその立場と役割であった。大上段にいえば、直接的に日本の労働運動どうする？という大所高所からオルグ活動が成り立っていった。神主がお賽銭で賄われるように、組合費からの上納金の一部で雇われているので、個別組織に対する帰属性は弱く、外在的であり、現場の労働者との接点はあまりなく、あるとすれば単産や地域の活動家や指導者を通した関わりだけであった。また時々に焦点化された社会・政治問題に即対応できる機動性が求められていた。

単産オルグの場合は、直接単産に組合員費で雇われているため組織への帰属性も強く、あくまでも単産の活動の延長線上において労働運動全体に関わっていくオルグ活動であった。したがって総評オルグというのは、個別単産組織にとっては、実利にならない全体の運動課題を押しつける疫病神のようなものであった。「百害あって一利あり」が最上の共闘オルグだとすれば、筆者などは「百害あって一利なし」の、箸にも棒にもかからぬオルグであっただろう。それと比べれば単産オルグは、組合作りなどで組合に対して「百利あって一害あり」が最上のオルグであったと言えよう。

総評を組織体制の面からみた場合、その実体は幕藩体制に近かったと考えられる。江戸幕府において、各藩に動員令を下す統帥権（戦争を行う権限）は将軍に有ったが、実質的に直属の軍隊は、時の将軍を出している「家」と、全く形式化した旗本八万騎しか持っていなかった。それと同様に、総評本部は、単産や地県評に対して動員指令を行う権限があったが、「旗本」は本部直属の産別対策オルグと、日本をブロックに分けて配属した総計で数十人のオルグしかいなかった。地県評に配属されたオルグは、江戸幕府の御目見得以下の御家人にあたり、その御家人株はやがて地県評そのものに移っていった。総評傘下の単産は、例えれば大名家であり、公労協の国労は水戸家、全逓は尾張家、全電通は紀州家といったふうに、いわゆる徳川御三家であった。また地県評組織は、諸大名の共同管理下に置かれた、年貢を幕府に納めないでいい藩体制というところであろう。

総評オルグ発足の頃は「野武士のごとく」といわれていたが、高度成長を経る中で、江戸末期の役に立たない「旗本・御家人」に変わっていった。六〇年代までは、「世界は俺が担う」「日本労働者の解放は俺がやる」といった労働運動家が、自意識過剰に凌ぎをけずった時代であったが、筆者が接した中でも、そういう気概を持ったオルグは徐々に数が少なくなっていった。いつの時代においても労働運動家やオルグは、どこの政党に属していようとも、運動現場においてのみ、自己の理と誠実さと力量が試されるしんどい稼業であった。だが、総評・地評オルグは、七〇年を境にして、大部分が己の信念に挫折し、組織や派閥に対して身過ぎよすぎの単なるはったり人間に成り下がっていった。総評オルグが豊かさの中で中産階級化することは致し方のないことであったが、官僚機構の中にいることでさらに小役人化してしまったことはオルグ稼業の否定であった。このオルグたちはかつてオルグであったというだけで、「労働者のために何もできないのに、何かをやったふりをした」総評体制に寄生する専従になっていったのである。その立場を派閥によって守るという倒錯が日常活動となり、人間としても堕落しはじめていったのは論を待たない。だが他方では、労働運動においても直接大衆行動のアプローチは影をひそめ、それが新たな政策を政治に求める運動に変化して、政策立案や調査能力を持った、新たな優秀な、従来のオルグと全く対照的な組合専従が、総評本部にさえ入ってくるのもこの時期であった。

3　運動家の自己解体と拡散

労働運動史を読むと、労働運動家という用語が幅広く使われている。総評がなくなるまで、労働運動家に限らず運動家という言葉は、社会運動や政治運動をする人という意味あいで世間一般に通用した用語であった。その言葉はある種日常的な俗事を越えたニュアンスを持ち、何ものの支配にも屈しない反骨の精神に対する民衆側の憧憬が込められていたように思う。

わずか六〇年前まで、労働組合が全くの非合法とされていた時代、労働運動家が生半可な職業でなかったことは想像に難くない。天皇制軍国主義の下で「非国民」というレッテルを貼られ、特高警察に弾圧され、追われて、それでも民衆側の濃い闇の部分に紛れこみ、信念を貫いてきた。そうした労働運動家という言葉が、社会の前面に躍り出て光り輝いたのは、時代の勢いに後押しされたからにほかならない。

戦後民主化政策によって、労働組合が闇の中から解き放たれ、新憲法の下で法人格が初めて明記されたのであった。その組合の法人格が政治や司法・行政において、国会の場や労働委員会闘争や、裁判闘争など、〈法・行政〉をめぐった闘いを通して社会的に定着していったのは、高度成長の中期であった。

その反面、その法人格定着の時代は、荒々しい労働運動が、経済的要求の実現や労働協約や法律の適用をめぐる運動の枠内に収まっていくスマートな運動に転換していく時期でもあった。そういう運動の転換にともなって、運動家という言葉も輝きを失っていったように思われる。

七〇年を境に大衆闘争が形骸化してゆくにつれ、総評・地評オルグはジャンパー姿から背広姿に変わり、オルグとしての堕落が深まっていった。そのほかの先進的な学生運動や社会運動も、風化が強まっていた。総評を主力とした革新勢力は、肥大化する戦後の社会体制に呑み込まれて保守化し、そこに組み込まれない新左翼や反戦青年委員会などの先進的部分を切り捨てていった。また社会運動家も政治運動家も学生運動家も、その中で次の時代に対する民衆側の意味や価値を体現できずに、現実的な実利と組織維持に埋没し、あるいは運動からドロップアウトして社会に拡散していった。その結果が戦後革新運動の形骸化であった。社会政治運動全般にわたって、革新の保守化にともなって、かつてさまざまな形でその勢力を構成してきた既存の組織・党派の、さらなるセクト化が必然的にやってきたのである。よく闘った者は「革新」から排除され、運動家としての自己を異端化するか自己解体するかしかなく、また正直に生きようとした者も革新の枠外へと拡散していった。この状況に対して、それぞれの立場を新たに作るために、生身で世間に向き合うしかなかったのである。

4　ビラまき三年・ガリ切り八年

総評崩壊の過程は、当然ながら一つの時代の労働運動家の終わりであった。年齢的にも一時代をつくった民同労働運動家は老齢になっていた。そして、その後は、労働運動家にとって代わって、戦後のある時期から、アメリカや国内資本によって育てられた大企業組合や派閥のボスが幅を利かす時代であった。総評の終焉期、槇枝議長や富塚事務局長、そして総評最後の黒川武議長、真柄栄吉事務局長にしても労働運動家とほど遠い資質の、派閥の幹部以上でも以下でもなかった。

この七〇年代は、若干の単産組織を除いて、労働運動家を生み出していく基盤が失われ、職場や地域の大衆運動から生み出された手弁当の活動家が少なくなっていく時期でもあった。かつての運動家の時代はギルド制であり、先輩と後輩は封建制の主従関係のように、運動上において全面服従であった。筆者が駆け出しオルグの頃、「ビラまき三年、ガリ八年」といわれ、修練を積まない限りいっぱしの活動家としては認めてもらえなかった。一人前になるのは、ビラまきやステッカー貼りを三年訓練し、それが終わったら今度は謄写版印刷の仕事をさせてもらい、一人で素早く刷れるようになって、次にガリ切りの仕事をやらせてもらい、八年間の修行を積んだ後であるといわれてきたのである。ガリ切りとは、ツンと匂いのする油を塗った原紙をヤスリの鉄板を埋め込んだガリ版の上に置いて、先端が少し丸くなった鉄筆でカリカリと刻むようにして字を書いていく作業である。七〇年代中半、青焼きコピー機が普及するまで、おおよその職場や組合事務所にガリ版や謄写版印刷機（ホリイ（株）製造、二〇〇二年倒産）があった。そしてまたこの作業の名人がいたものであった。今の時代から見れば悠長な話であったが、それはそれで、運動を稼業とする者にとって、労働者大衆に対する一つの道義上の訓練であった。活動家を志す者が労働者大衆との結びつきを後生大事にしていく大衆奉仕精神としての意義があった。「活動家たらんとするものは主義主張の前に労働者大衆のための活動の経験を磨け。そうすれば理屈抜きに労働者の気持ちが自ずとわかってくる」。そして、その年季を積むことでしか充分に太刀打ちできないような労働運動の現場があった。当時の労働者は職人気質で、また職場の労働組合の指導者は職人の親分であり、よそ者に対する猜疑心の深さと上下関係の厳しさは半端ではなかったのである。現場の労働者たちにとって〝うちら〟でない人たちはすべてよそ者であった。組合においても、この〝うちら〟とその外の関係は基本的に同じであった。

今考えれば、これは古手活動家が新米に自慢げに語る、「丁稚奉公時代」の苦労話に尾ひれがついて語り継がれた、運動家を志す者へのいましめであったのだろう。本当にその言葉通りだったかどうかはあやしいが。

5　組合組織と運動家とオルグの位置

日本人の人間関係の基本は、この〝うちら〟を中心として、外に対して同心円上に広がって作られていく。組織内の人間関係においても、日常的に接している身近なところを中心にそれぞれの関係がつながっていく。企業組織における人間関係の場合は、上司を小さな円錐形の頂点として人間関係が積み重ねられていく。日本の企業組織は単純なピラミッド組織ではなく、小さな円錐形が積み上げられた組織、面接集団なのである。そういう観点から日本の組織は、どこまで行っても内と外の関係にある内向きの組織なのである。

それともう一つは、職業的、身分的観点で区別する内と外の関係である。日本の労働組合の多くは現場の本工労働者を中心核にした組織である。職場内の活動家を除いて、オルグなどは、現場の労働者にとってはよそ者であった。また広義の職業的な観点から、よそ者には学者先生や弁護士、技術者などの専門家や、組合役員専従やオルグや書記の他に、官僚・役人も含まれている。このような職業は、およそ労働者大衆にとって見れば中心核から外れた縁辺の職業であった。なのに、この端の者が現場労働者よりも偉そうに見えるのは、大衆（労働者）のために奉仕することがその本来のあり方であったからであり、そのなかでもオルグ職は特殊な位置にあった。オルグは、職場の組織の縁辺に位置しながらその外界を新たに組織していく自立的な職であり、どちらかというと独立業としての稼業に近いと筆者は考える。

労働運動において、縁辺の者たちが現場の労働者に信頼されるようになるためには、実績を積んで自ら労働運動家になるか、それとも組合運動家になるかであった。総同盟系の流れを汲む全国金属・全国一般などは、組合がオルグらによって結成されたいきさつから、現在でも専門職のオルグ・書記と組合役員などの相互入れ替えができる組織である。

以上のようなことから、労働運動家のコンセプトは以下のようになる。

第一は、労働運動家は特定の組織、労働者階級出身である必要はまったくないが、縁辺の職業を超えた労働者・労働組合の体現者・指導者であること。

第二は、組合に対する責任を最後まで持つことができる者。また労働者・組合の体を借りて社会全体での意味や価値をも表現する社会運動の指導者でもあること。少なくともそれに近い存在、すなわち社会にも認められる労働者・労働組合の親分であった。

第三は、運動の指導をし、労働者をその気にさせ組織する能力と技能が長けていること。ストライキの指導ができ、また収めることができること。団体交渉を、労・資関係の「掛け合いごと」として対処できること。

第四は、社会・政治問題を労働者・労働組合全体の問題に転化する対案・政策能力があること。

あるいは、ほかの階層とも共闘していく指導能力。

第五は、その総合として労働者仁義に厚く、労働者の道義を貫ける者であること。

以上全てを兼ね備えた労働運動家は皆無といっていいが、ごく少数のそれに近い労働運動家は確かにいたのである。そして党運動を志すものとは異なり、労働組合運動を志すものは、現世の富や権力を目指したのではなく、そのような労働運動家像を目標にしていた活動家やオルグが大半を占めていた。その限りにおいて七〇年代までの日本の労働運動は、労働運動家を数多く産出したとも言える。

総評の終わりは戦後労働運動の終焉でもあり、その労働運動家の絶滅でもあった。そして、絶滅に瀕した労働運動家とともに、多くのオルグがいなくなり転職していった。

だがしぶといオルグたちのある者は、一九八〇年代（江戸川ユニオン一九八四年三月一八日発足）の終わり頃から、戦後労・資がネグレクトしてきた縁辺に、多様なユニオンを立ち上げ、従来の組合運動では、例えば総評時代においては全く手つかずだった外国人労働者、非正規労働者や中高年・管理職労働者を組織化していく。また反倒産の闘いで、ある者は自主生産を一歩進めて、経営活動そのものを労働運動側に引き寄せ始めている。総評亡き後、そうやってそれぞれが自立した一人オルグとして生き残ってきたのである。そこには大上段に振りかぶった労働運動家とは違った、新たなオルグ稼業と労働運動家へつながっていく道があった。

6　戦後労働運動家の土壌

労働運動家やオルグが育まれる土壌は、戦後における労働組合の基本的性格に拠っていた。その性格の第一は、現在の企業内組合とは似て非なる、現場の労働者相互の結びつきの強い団結（職場型組合）があったこと。第二は、戦後の民主化の過程での財閥解体と、事業所内における内向きな労資関係であったこと。第三は、組合員の構成主体が本工中心であり、非正規従業員（パート・アルバイト、社外工、下請け労働者）、外国人労働者は埒外にあったこと。

戦後の労働運動家は、この三点に要約される職場型組合を母体とし、社会の形成期、社会的政治関係の中で生まれ育ってきた。その人々は民主化同盟に何らかのかたちで関わり革新運動を担ったグループであった。彼らは、職場型組合が企業内労資関係へと作り替えられるプロセスで、企業社会の形成と同時に組合基盤を失っていった。まず第一群として、基幹産業を代表する労働運動家が企業社会から追われ（五三〜六五年）、第二群としてそれに準ずる産業と公営企業体からいなくなった（七〇〜八〇年）。第三群として、かろうじて第一群と第二群の少数派労働組合と中小零細領域における労働運動家が生き残ってきた。企業社会から、はみ出した部分であった（七五〜八五年）。筆者は、同盟や新産別の労働運動家と交わることがなく、知る由もないが、第一群に属する私鉄総連出身の内山光雄さんや、第二群、元総評事務局長岩井章さん、第三群の中島道治さん（繊維労連委員長）たちが、職場型組合を体現した労働運動家であったと考えられる。

7　労働運動家とオルグ屋の違い

戦後労働運動において労働運動家は、必ずしも委員長や書記長など機関の中心的な役員である必要はなく、運動・組織上の精神的な要であった。一言でいえば、労働者の指導＝ヘゲモニー上における「親分」であった。一方、労働オルグは、親分子分とも、兄弟分とも、党派における同志とも少し意味が違う、蓮っ葉な「稼業」である。蓮っ葉とはもちろん「中途半端」という意味ではない。オルグ（屋）は、それら精神上の親分からも外れている立場で、このどこからも外れた立場が労働運動家とオルグの第一の違いであった。また労働運動家は、運動・組織へゲモニーとしての権力であったが、オルグは特定の権力も権威もなく、持っているものといえば、運動における具体的な個別の指導力であり、ノウハウであった。労働運動家とオルグとでは、この権力の有る無しが第二の違いであり、このヘゲモニー上の異なる二つの点に集約されると筆者は考える。実際的に労働屋オルグには、組織に雇われている雇用関係や、組合組織による身分関係など、さまざまな制約があったが、総評運動におけるオルグは、職人に近い独立性を持った職業であった。

8　オルグは化けること

労働運動家といわれる人もオルグといわれる人も、運動や組織において両者の役割はそれほどの違いはなかった。むしろ運動上で果たす役割は、オルグの方が大きかった。何故か？　労働運動家はどこまで行ってもイメージが固定化された〝労働者の親分〟そのものであったが、オルグはほかの違った者に「化け身」となることで、労働運動家と異なっていた。「化け身」とは、相手になりきっていくという思いこみの〝術〟のことである。単なる思いこみという意味ではなく、意識して他者の意識を自己意識に集中する意味で術なのである。

今も昔も、子どもは遊びで、鞍馬天狗にもウルトラマンにもガンダムにも、またお姫様にもオスカルにもなることができた。夢中でそれらを演じることで、他者そのものの体になってしまい「血沸き肉踊る」快感に興奮した体験は誰にでもあったことである。筆者が子どもの頃はよく忍者のまねをし、学校の二階から飛び降りてけがをしたものであった。オルグ屋はこれらの子ども体験と同じで、心底から他者の化け身になれるかどうかであった。

まず当事者である労働者に化けることが基本である。次に、悩み怒り多き当事者以上の当事者になること。さらに、凄みを持った委員長や共闘議長以上になれること。そして時と場合によっては、相対する経営者以上の経営者にもなることであった。だから、本来的にオルグは、固定されたものであってはならないし、中心や重心や頂点から外れ、権力や権威を持っていないことがこの術を使う条件であり、また場数を踏んでこそこの術を磨くことができたのである。〝イロハのイ〟はまず当事者に化けることができてあたりまえ。その上は、いくつもの異なる当事者を一つの運動にまとめて、大きく化けることができるようになって、いっぱしのオルグ。その上は、争議など相対する相手に化けて手打ちができれば一流となる。そうなると、生真面目な企業内組合役員から胡散臭く見られ、ダメ幹部からは最も嫌われ、派閥からも疎んじられ、経営側からは、自分たちの組合がオルグにとり憑かれるのを警戒されたものであった。さらにその上となると、組合役員や政党や経営者から一目も二目も置かれ、超一流と呼ぶにふさわしいオルグとなり、労働運動家の仲間入りをすることになる。そうなるとプロ野球の名選手のように殿堂入りなのである。

だが現実の総評・単産には、上には上、そして下には下のオルグがいた。最低なのは、トラの威を借りる狐よろしく大単産や派閥の威を借りて我がもの顔に振舞うオルグたちであった。一般労組においては専従オルグが委員長や書記長になっていくケースが多かったが、委員長や書記長とオルグたちの立場上の違いが理解できていないと、そのことによってさまざまな形でトラブルが発生した。先にも述べたが、そのトラブルが派閥抗争になり組織分裂へと拡大していった。例えばオルグが委員長になってボス（労働運動家）に成りきれないことや、中途半端なオルグでしかない場合、活動費や処遇などの些細なことをめぐってトラブルが発生した。

オルグが術を用いて化け身となり、労働運動に一定以上の役割が果たせたのは、戦後労働運動のヘゲモニーが社会的に確立されていたからであった。その労資関係のヘゲモニーは、戦後における憲法、会社、新しい生活スタイルの権威を拠り所にしていたが、その限りにおいて、その共同幻想を否定する者や全く持たない者には、そのオルグの術はあまり通用しなかった。だが、そこをオルグして手打ちに持っていくのもオルグの甲斐性であった。

9　オルグの心得

化けることがオルグの基本の術であると述べてきたが、どんなオルグでもオルグはその術と相対する技術を必要とした。総評オルグのように、バックグラウンドに運動と組織があれば、オルグは大化けすることができた。だがオルグにそのようなバックグラウンドがない場合、またはその術が使えない場合にはどうするか？であある。「無から有を生み出す」状況において、組織者が化けることは、〃神〃に通じかねないことをも含んでいるのである。

どんな宗教においても、現世から神に通じる道、〃神〃そのものへ転化し昇華する精神とその振る舞いができる者が盟主となった。だがオルグは、労働者を神へと導く者ではなく、意識を反転させて現実の解決へ向かわせる者であり、どこまで行ってもオルグなのである。なれても神とは正反対の、せいぜいハンチクな〃お化け〃にしかなれないのである。

さて、オルグが術を使ってはならない時、また無意味な場合、無から有（組織）を生み出す技術が必要となってくる。それはあっと驚くほど簡単なことであり、先輩オルグから伝え受けたオルグ三つの心得である。

一つ、まずオルグする労働者たちと友達になること。

二つ、相手と友達になったら、相手が何を悩んでいるかを具体的に掴み具体的な要求にすること。

この二つがオルグ事始めであり、そして問題点を具体的に抽出することがオルグしていく基本で

労災の相談に応じる外国人労働者（撮影・金瀬胖）

あった。

三つ、問題解決に向けた指導をすること。

前二つの心得は仲間内なら誰でもしていることである。三つ目ができて初めて、オルグがオルグすることとして役立ってくる。またそこにおいて初めて組合が生まれ、さまざまな運動や組織と深くかかわってくる。だが注意すべきことは、オルグするにあたって基本の心得の二つを前提にしないで、いきなり三つ目に飛び越すと、労働者たちの組合としての自立や、問題解決に向けた労働者たちの運動が別な組織に代行されて、解決のかたちがゆがんだものになってしまう。たとえばその組織が会社寄りの企業内組合であった場合など、当事者の問題認識とはかけはなれた指導が強行されて、まったく別な問題の〝負〟の解決となってしまうことがしばしば起こってくるのである。このことは、解決要求水準が高いか低いかとは別な問題、労働者の自立と民主主義の問題であり、そこをはきちがえると組織疎外が必ず起こってくる。

以上の話は総評オルグなどがオルグたり得た時代のことであり、今日のような大転換の状況では、二つの心得と三つ目の心得の間に深い意味があること、また従来の化ける術・オルグ技術がオルグする対象によっては矛盾に陥ることを理解しておく必要がある。どのような労働者と新たに友達となることができるか？　どのような社会・労働問題を鮮明化することができるか？　そしてどのような当事者に化けることができるか？　新たな時代のオルグになるためには、戦後のヘゲモニーの自己解体と再編成が内面において訓練されなければならず、外に対しては新たなユニオンの生成発展過程に対応できる術と技を磨く活動スタイルを確立することである。

10　総評最後のオルグと東京地評の顛末

一九八七年、総評解散にともない、全国の地県評の存続をめぐって、連合派と反連合派が激しく抗争した。その時全国の攻防の頂点となった東京地評は、「都労連を先頭にした左派」労働組合の共闘で、その年以降も東京地評を存続させてきた。

九一年、地評の人事が共産党系に握られ、山口弘文事務局長に代わったとたん、筆者は平賀健一郎さんともども自主退職を迫られた。それを二人が拒否すると、小役人的悪知恵によって地評規約からオルグ職の抹消が幹事会で決定され、全てのオルグ活動から干された。オルグ職という名称が、伝統ある東京地評の歴史から最後的になくなったのはこの時であった。またその理由がふるっていた。「オルグ職は時代遅れ」というのがそれであったが、本音はオルグ職が地評共産党フラクションの支配を確立するのには、まったく不必要なものであったことと、筆者ら二人の存在自体が目障りだったのである。

だが首がかろうじてつながったのは、共産党内部の地評派と全労連派との首都ローカルセンターの指導権をめぐる争いで、地評派が敗北したからであった。首都において最大の組織だった都職労が連合と全労連に加盟方針を決め、地評から脱退していった。都職労にとっては地評は両派の手打ちのための格好の材料でもあったわけである。東京地評が残ったことによって、東京労連は正式結成が遅れること二年余、九二年にやっと全労連は念願の首都におけるローカルセンターを発足させ、それに伴って地評派は当初の思惑が外れて全労連の傍系となってしまい、二人の解雇に〝情熱〟を失ったのであった。そして九二年以降、生殺しの状態が二人の定年退職まで続いた。

二〇〇二年、地評五六回定期大会で、東京地評は、全労連派の攻勢によって、全労連（東京労連）への合流が決定された。名前だけは東京地評となったが、〇三年二月二日に合流大会が開催されることとなった。そうなると、まず全労連組織と一線を画している組織や連合系の組織が脱退することになり、また東京労連と地評に二重加盟をしていた単産が地評から足を抜くことになる。東京地評には、共産党系であるが単産事情で全労連に行けない単産だけが残ることになり、独立性は消え、組織としてもやがて全労連に吸収合併されることになるだろう。実を言うと、筆者と平賀さんは、総評解散を目前にして東京地評を存続させるべく「労働運動三分の計」を立てていた。第三勢力である全労協運動にかけていく意味もそこにあった。天下三分の計のほかに「小藩」が生き残っていく術はない。全労協にとって東京地評は、いわば三国志における荊州であった。だが全労協は何の計をも持たず、国労四党合意問題でさらに混迷を深めて、その荊州を呉の国（全労連）にとられてしまったのである（『三国志』北方謙三のがおもしろい）。

それから十余年の月日を経て二〇〇三年、地評の合流は、全労協としての基本的な策がつぶれたこと、全労協を作ってきた大義もまたそれらの認識も全くないようだ。それよりも、総評解散以後の労働三団体鼎立の時代がこれで終わったと認識することであろう。その意味で筆者は、正真正銘最後の総評オルグとなってしまったようだ。

三　労働者理念の再建

1　友愛主義と組合

総評解散から一二年。連合や全労連では組織率の落ち込みの中で、組織化オルグの必要性が提起されているようである。だが、総評時代のように地域オルグ制を復活させるのは、連合においてはそもそもの成り立ちからして難しいことであろうし、全労連においても地域派が台頭するのには時間がかかることであろう。だが全国でかなりの数の地区労が現在でも残っており、良心的な組合や新たに発足した地域ユニオンなどよって、細々と運動が受け継がれている。専従オルグを抱えている地区労は困難な財政状況にある。だが生まれつつあるユニオン運動が地域労働運動の財政問題に自主的にアプローチできるようになると、地域労働運動の再建がにわかに活気を帯びてくるように思われる。

いつの時代でもまじめ人間ほど割の合わない仕事をやってきた。地区労オルグは、労働運動分野で最も地味で大変な活動の典型なのである。昔も今も地域労働運動は地域のボランティアや献身的な職場労働者の肩入れなしには回っていかない。このような地域労働運動が、どんな意義を今後の労働運動に投影できるのかを考え、今まで述べてきたことのまとめとしたい。

地域労働運動の意義とは結論的に言えば「社会性」と「友愛」である。労働組合とは、労働者がまず経済要求で団結し、やがて政治要求（解放）を実現するものであるというのが通説であった。総評時代の経済要求はベースアップであり、政治政策が護憲・平和運動で、その両方を結合したものとして春闘があった。だが労働運動の本質は、このような経済闘争と政治闘争ではなく、その時代の活動の表現であり機能であったと改めて位置づけする必要があると考える。

ここからは筆者の想いと労働組合本質論を導き出す「見込み」論である。

メーデーの歴史を紐解けば、アメリカの労働者が八時間労働制を要求して決起したことに始まる。世界各国のプロレタリアが市民社会に向けて労働者の立場と市民権を得ていく運動の大パノラマの幕開けであった。アメリカ労働者は、市民（資本制）社会の大衆化を通して市民権を獲得していったのである。ヨーロッパの労働者階級は法を通してプロレタリアートの市民権を獲得していった（産業民主主義の発展）。

ヨーロッパ労働者の社会法獲得とアメリカの市民大衆的社会の形成は、二〇世紀後半の労働者階級の性格を規定したといえるのではないか。ヨーロッパにおける労働運動の闘いによって実現した水準の高い社会法・労働法制の確立、それとアメリカにおける豊かな生活追求と大量生産・大量販売と消費、大衆消費・大衆市民社会の実現が共通項であった。

パイの分配をめぐって、その二〇世紀の土壌から育ったのがヨーロッパ産業別労働組合、アメリカのトレードユニオン、そして日本は、戦後における企業社会の充実そのものを求めて、企業内組合が形成されていった。

このように組合の歴史を要約してみると理解しやすいのではないか。筆者の見込みからすれば、職能別組合の成立以後、企業別組合もトレードユニオンも産業別組合も、またそれらに基づいた産業民主主義における労資関係も時代の表現手段であった。組合運動についていえば、それらの運動表現や機能の底にあったものを取り出してみると、それは労働者マインド（精神）である。その中身は、労働者の社会的な自立「意識」と、相互助け合いの「精神」ということであると理解できるのではないか。そしてこの労働者マインドは、国・民族や職業集団や身分的な立場や雇用形態などで区分された労働者たちに、相互に媒介され、洗練され、広がり、共通の意識を生み出し、時の社会に働きかけ、政治闘争を展開して社会・政治制度を変え、長い時間の流れの中で、普遍・自立的な友愛主義に深まっていった。そのマインドを積極的に積み重ね意識化したものが、労働組合のエートス（高い倫理性）である。このエートスを人間の内面に制度化したのが労働組合思想であり、外面に制度化したものが本来的な労働組合である。

最初は仲間内だけの仁義によって保障されたその制度は、二世紀以上の闘いと運動の時をかけて、社会制度となり法制度へと展開されていき、その過程で、労働組合を、その時々の政治や個別要求の道具にしたり、会社の持ち物にしたりして、手段として扱ってきたのが、通説としての労働組合論であった。その通説は内面のエートスを切り捨て、その時代の外面的な表現や機能を組合の本質と捉えた。それが労働組合のイメージの歪みをさらに増幅させることになった。このような労働組合論は再構築される必要がある。労働組合を友愛主義と組合の内と外の二つの制度として認識し直すことである。百聞は一見に如かずで、これらの長い歴史を短い時間に凝縮して現在でも見ることができ、体験できるのが、組合の組織化、労働争議、そしてこれらを担う地域共闘である。労働組合の最も組合的な運動は、この労働者の争議・組織化・共闘活動である。その積み重ねによって認識を深めて労働者意識が普遍化されていくのである。時代が変わり世界的な恐慌と大失業の中で、従来の組合や労資関係の問い直しと組み替えの運動が必要とされ、そのような組合運動がすでに始まっている。労働者の友愛による内面と外面の制度化、これが労働組合本質論の結論である。さらに友愛を仁義に、すなわち労働者の踏み行うべき道を労働組合自身によって開拓していくことである。

2　仁義とは

さてその組合仁義についてだが、仁義という言葉を広辞苑から拾ってみると、①いつくしみの心と道理にかなった方法。仁と義。②人の踏み行うべき道。世間の義理・人情。③江戸時代に、博徒・職人・香具師《やし》仲間に行われた親分・子分の間での道徳および初対面の挨拶と書かれている。もともと仁義とは、中国の皇帝史観における①②が本来の意味であった。①の主体はあくまでも古代国家を象徴する皇帝であった。古代国家の時代、経済は国家・社会制度に組み込まれており、市場経済は全く成立していなかった。生産物の剰余も少なく、すべてが国家の管理下におかれていた。②の意味は、市場経済における個人の功利的価値のようなものではなく、それぞれの人間集団それ自体の、人間が行うべき道=愛のことであった。③の意味は、封建的な身分制度とギルド制、親分・子分の主従関係における、愛の心と人の行う道を言っている。この時代になると、生産物の剰余はそれ以前より少し多くなってはいたが、大方は国家や藩などの組織によって管理されていた。今様に解釈すると、仁義とは集団概念を主語にした言葉であり、個人概念は全くないか、あるとしても隷属した関係、集団の統治が強い関係として、人間の愛のありようであったと定義できる。その上に立って労働者の仁義を考えるとき、連想する馴染みの文句は、映画の「それでは仁義が成り立ちません」という鶴田浩二の切り口上である。

3　労働者仁義と組の自己否定

労働者の「仁義」とやくざの「それでは仁義が通りません」というのは、似ているが、主語と目的語関係は全く違ってくる。労働者の仁義は、労働組合に関わるものであれば誰でも知っている「一人は万人のために、万人は一人のために」という意味に全てが込められてきた。やくざの仁義では「子分は親分のために」という一方通行の関係だ。ちなみに企業内組合は、「従業員は会社のために」となり、あくまでも組織とそれを統括する者が主語であり、個人は従属するものであった。

以上の違いを前提として、やくざも労働組合も「組」としての特質を持っていた。そしてもう一つこの日本的な集団には、集団の序列を前提にして日常的に顔を接する関係の組織＝面接集団の特徴があった。両者とも、「組」＝組織を媒介として社会との関わりをしている点が、非常によく似ている。だが、やくざはその社会に対して、組支配による「半自治」という中世の幕藩体制に似たような組織である。このような組織では、「組」を自己否定して内側から新たな組織に作り替えることは非常に困難である。その中では組織を自己否定する個も、組総体を否定する一派も、仁義として存在を許されていないからである。日本の大企業内の組合もほぼこれに近い組織であろう。幕藩体制に似た会社・労組体制なのである。企業内の組合は、今ではほとんどの自治が認められていない企業一家組織といえるのではないか。

本来労働組合は、やくざの世界のように「支配を委託された自治」としてあるのではなく、規模の大小にかかわらず、社会に対して「自立した自治」としてある点が、根本的な違いである。日本においで本来の組合に最も近い一般型や職場型労働組合は、労働者自治の徹底化によって内側から「組」を自己否定し積極的に突破できる可能性を持った組織であると思う。だから労働組合は、組でありながら「組」を否定していく、労働者仲間の仁義によって、横断的に団結を拡大できるという特徴的なシステムを持っている。基本的な意味において、労働者の仁義は、他の世界の仁義と違って、労働者・労働組合の自治と共闘、あるいは助け合いを通して成り立っているのである。だからこそ一人は万人のために、万人は一人のためにということなのだ。

以上のように、労働組合は社会を取り込み、社会を作り変えていくという社会関係の接点、資本支配との闘い、また労働者の自己組織化運動に、労働者自治が多様な形で広がっていく可能性が込められている。労働者の経済要求や政治的要求は時代とともに変化してきた。その変化していく要求を担っていくのが労働組合であるといえばそれまでだが、前述したように、それは労働組合＝道具論であり、それだけでは歪んだ表現論になってしまう。組合自体の価値は、その社会に対する表現過程や機能論にあるのではないと考える。そして筆者の経験では、日本の労働運動において、労働者の友愛と仁義を幅広く追求してきたのが地域労働運動であり、その構成組織として、職場組合や中小一般型労組や争議団やその共闘組織である地区労があった。この地区労は、東京・中央区労協のベテランオルグである椎葉紀男さんが主張しているように、労働組合の「隣組制度」を作ってきたのである。

そしていま日本の社会は、市場経済万能論がはびこるなかで、昔の隣組に見られるような人の絆と制度を急激に崩壊させている。それは、日本の庶民がかつていかなる時代においても経験したことのない、個々人を包み込んでいた家族や地域や会社における協同的皮膜が剥ぎ取られて、むき出しの個人がさらけ出されてきている社会である。

労働組合もご多分にもれず、経営に対する抵抗力を失って、競争原理と市場の論理に侵食されている。協同ということを最も主張しなければならない労働組合の協同性が、無残にも崩壊している認識が必要である。従来の国民国家・社会における友愛と道義の基盤である協同の崩壊が、深く広く進行している。ことここに至り、労働運動に限らず社会運動は、あらゆる意味において「協同」を提起できないかぎり、大衆的運動は成立しないのではないか。労働組合に対する従来の機能論に基づいた労働組合の認識論の変更なしに原点復帰しても、また従来の組合活動をどんなに積み上げても、労働組合の再建は不可能であり、またいかなる社会的意味をも失う時代なのである。

四　再出発へのまとめ

1　総評運動の正の系譜

労働組合の友愛主義と仁義の観点から、総評運動の積極的な側面を評価すれば、以下の点に要約される。

総評の積極的な側面は、日本の労働運動が生み出した地区労などにおける良心的な地域共闘＝隣組制度であったことを、第一に指摘しておきたい。この隣組は、企業による労働者の解雇や差別やさまざまな嫌がらせなどに対して、地域組合が横断的に連帯して闘う性格を持っていた。またそれら争議労働者のカンパや行商などを受け入れて、労働運動の中でも特筆すべき助け合い制度を作り上げた。上部機関の幹部の目を気にしながら、争議団のカンパや行商に密かに応じてくれた職場の組合が、この制度の一つの典型であった。

春闘華やかなりし時代、桜の咲く頃には地域の工場に赤旗がたなびき、ストライキ決行の立看板がならび、デモ・シュプレヒコールの声が町内によくこだましたものであった。このような地域春闘があった時期は、労働者のさまざまな労働条件改善や賃上げ、時間短縮などについて、組合同士が競い合うことによって、地域労働者の処遇などを底上げする役割を果たした。それは地域に現場労働者の社会的な連帯の絆を作り出した証でもあった。この損得勘定を超えた地域労働者の隣組的連帯行動は、「遠くの親戚より近くの他人」といわれる労働者仁義の成果であり、そこには戦後労働運動の積極的な意義があった。

第二は、労働者の職場（事業所）における労働組合と他の労働組合・労働者との連帯、市民運動や反公害闘争、住民運動などの参加によって、閉鎖的な個別への労資関係に社会参加を促した点である。これは、労働組合少数派が依拠する地域運動が、企業社会から絶えず孤立しながらも、社会的な多数派をめざす運動であった。その運動の意義は決して小さくなかった。

第三は、労働組合の課題（賃上げ）と国民的な課題（護憲・平和、年金・社会福祉）が、戦後の革新運動の基礎部分を形成したことである。労働組合底辺による政治的な（選挙運動）動員、またメーデーなどの大衆的な動員回路を作り出した点であった。この点は、今でも地区労の存在にかかわる問題として、連合から独立して、地区労センターとして継続されている。

第四は、個別組合では到底できない（倒産・事業所閉鎖・少数派組合の差別・地域労働者福祉運動）課題や問題を、労働組合・労働者の横の結束力によって、解決条件や解決力を作ったことである。

第五は、地域労働者の労働相談や組合作りの窓口、社会に開かれた労働組合的価値の入り口としての役割であった。江戸川ユニオンの誕生から一八年が経過したが、パート女性労働者や外国人労働者などいわゆる非正規労働者が新たな組合のステージに上がる、コミュニティユニオン運動の契機を作ったことである。

以上を総合すれば、総評労働運動を社会的な一つの構造へと構築することができたのは、この地域労働運動の存在であったといえる。

2 構造の概要

この地域運動構造はオルタナティブな社会の萌芽でもある。総評時代の一時期においては、労働運動自体が対抗社会としての萌芽を持っていたのではないだろうか？ 一九七五年のスト権スト、国民春闘敗北はこの萌芽を両方から摘み取った。

また運動論から見た「運動」の構造は、技術の構造のように基礎、中間、先端技術部分によって構成されたピラミッド型構造に類似していた。労働運動を技術基盤に置きかえれば、底辺に多数の安定した組合の基礎構造があり、中間に地域社会や業種をリードしていく中堅の組合があり、そして先端においては、国の政策や資本の政策との先鋭的な攻防をしている組合の、特殊技術の領域に対応するような三つめの構造によって成り立っている。労働組合の社会性とは、まさに社会的な一つの運動構造を作っている点であろう。

ここではナショナルセンター論には踏み込まないが、このような運動構造を収斂したのがナショナルセンターの本部である。運動構造があって本部がある。運動の社会的な萌芽があって構造ができ、その逆は絶対にない。裾野が広いほど最先端部分を支える構造が安定してくるのである。すな

技術の構造と労働組合の構造の対比モデル

	技術構造	労働運動の基盤
先端技術	ハイテク・バイオテク・ＭＥ・レーザー・MC／NC等	いわゆる労働運動のソフト部分の創造。資本の最先端の攻防、最先端の社会・政治問題を担う活動家（専門）集団の形成
中間技術	生産技術・操作技術・組立術	組織化と争議を担う中堅組合の存在（旦那衆組合）、オルグ集団
基礎技術	製缶・板金・溶接・鋳造・表面処理等	ユニオンミニマム、労働組合としての最低基準の具備

わち労働者階級では、その他大勢こそ労働組合の協同的構造の基礎部分なのであり、この存在なくして成り立たないのが社会的労働運動の基本であろう。

またその運動構造は、社会的な要請によるさまざまな具体的課題によって成っていた。単独の運動課題が別々にあったのではなく、護憲や平和運動や春闘や未組織の組織化や争議共闘が、相互に連環しながら運動構造としてあったのだ。この革新的国民運動の連環こそ、日本の脆弱な産業民主主義を補完した総評の枠組みであったといえる。

3　総評の負の系譜

総評運動のプラス面に対するマイナスの第一は、地域運動が労働運動の底辺の構造を支えているにもかかわらず、あくまでも単産・産別・中央組織中心の機関を補完する役割しか与えられなかった点である。地区労財政の指導権もこれらの機関に握られていた。

第二は、組合の構成員が事業所内の正規従業員であったこと。

事務所の事務職員（後に組合員化）や非正規従業員（パートや社外工・下請け季節労働者）、また外国人労働者は埒外にあったことである。

第三は、民同の派閥支配により、新たな時代にそぐわない政治主義・指導であったこと。

第四は、第一、第二と関連して、組合内においても開発型産業優先主義が色濃くあった点である。この産業優先主義は、他の先進資本主義国では例を見ないほど、重化学工業本位の産業政策として戦後の国家・社会政策の中軸をなしていた。戦後日本における労資関係に目をやると、産業優先を共通の基本基軸としていたことが浮かび上がってくる。総評労働運動は、その枠組みの中で反発し、建て前として掲げたものは「労働者の生活と権利・平和と民主主義」を守るという旗印であった。だが同時に各産別や企業内労働組合の本音は、産業優先主義の実利を労・資ともども獲得していくというものであった。連合の誕生でさらに企業内組合に傾斜していったのである。産業優先利害ではなく企業優先利害に特化して、産業を守る政策も力もなくなったといえよう。

そしてこの一〇年の間に、産業優先主義にとって代わったのが、バブル経済を演出したマネタリズム（拝金主義・投機主義）であったのは記憶に生々しい。現代資本主義経済は、第一次産業の崩壊、そして第二次産業の衰退と崩壊に瀕している。産業優先主義から金融優先主義に大転換しつつある時代と言われている。それらの転換＝リストラがもたらしたものは、企業が味方につけていた中間層の分解、三五〇万人（五・五％　二〇〇二年）の完全失業者の発生と、労働者の権利と生活の破壊であった。

第三章　東京総行動と争議について

造船合理化反対で上京行動中の全造船佐伯分会、玉島分会などの組合員たち
（撮影・金瀬胖）

一　東京総行動

1　東京総行動のセンス

「自立」「共闘」「創造」

東京総行動を始めたのが一九七二年六月二〇日。それは、オイルショックとドルショックで日本列島の経済が、その瞬間に凍りついたような時代であった。それから今日までの三〇年間、年に三回から四回の割合で実施された行動は一二二回（〇二年一二月四日）を数え、二〇〇を超えるさまざまな労働争議解決に重要な役割を担ってきた。しかも日本国内にとどまらず、ここ一〇年間は、韓国スミダをはじめアメリカのブリヂストン・ファイアストンやホテルニューオータニなどの国外の争議とも連帯し、解決の手助けを行ってきた。春闘は形骸化したが、この種の総行動運動はいまだ盛んであり健在である。

現在、何々総行動というのが、さまざまな団体の多くの課題で取り組まれているが、運動のセンスにおいて、始まった頃の東京総行動とは全く違う。東京総行動は、一つの党派を中心にした結集ではなく、さまざまに色合いの違う争議団や労働組合を「統一」行動に仕立て上げ、三四年もの間、あきもせず継続し展開してきた。それが他の総行動と最もセンスの異なる点であった。「首切りは許さない権利はゆずらない」という単純明快なスローガンを掲げ、組織としての縛りや覇権を求めず、どんな争議団・争議組合も出入り自由とし、排除することなく仲間として一緒にやってきたのであった。

運動は、必要に応じて、また当該の甲斐性において闘いの責任を持つ、という無責任この上ない「脱」指導によって行われてきた。東京総行動のキーワードをあげるなら「自立」「共闘」「創造」というところであろう。現場労働者が直接行動と直接交渉で相手に迫ったのが、運動の基本であった。水俣病やカドミウム中毒やじん肺などの公害や労働災害、オイルショック時のトイレットペーパーや洗剤隠し、さらにロッキード汚職事件など、その時の政治・社会的問題と結合させ、市民と共同して、加害企業を社会的に包囲していった運動であった。初発においては、当時の学生運動やベトナム反戦運動などという社会運動も取り込み、直接大衆行動・直接交渉と実力行動をモットーとしていた。総評がなくなってからは社会キャンペーン型になっているが、昨今の労働運動の諸般の事情からして致し方ない現状であろう。

当時の行動を評して筆者らは「蝿たかり運動」などと言って、警察などの関心をはぐらかし、蝿がたかるように企業にまとわりついて、警察が介入してきたら、蝿叩きで追われるように逃げてはまたたかるというような行動を繰り返してきた。それは今も加害企業に対して、「決して諦めない、そして負けない運動」として続けられている。

以上のように〝総行動の元祖〟ともいえる東京総行動は、単産や産別の労働組合間の支援共闘を超えた、背景資本に対する反独占的な「統一」行動として展開されてきた。文字通り、労働組合が総掛かりで取り組んだ運動であった。東京総行動は、労働争議運動、もっと包括的に言えば、総評の枠の限界を超え、昔流にいえば反独占統一行動として展開されてきた。現在においても、連合や全労連、党派などの持ち物ではない〝無印〟の運動である。

2　法人格否認の法理をテコとして

東京総行動の社会的基盤は、とりもなおさず産業民主主義に基づいた労資自治の基盤にあった。たとえ一人争議であったとしても、労組法を根拠にして、共闘運動でその争議を労働組合における団体行動の一形態に押し上げていったことである。それが画期的であったのは、中小企業内の労資関係を超えて、日本の独占資本体制に迫る大衆行動戦略を作ったことにあった。この突破口となったのが「法人格否認の法理」として後に定着する、全国金属の仙台・川岸闘争（七一年）で、そこに、中小企業を事実上牛耳っている日本特有の寡占化体制に対する有効性があったのである。

この運動のポイントは、大企業の系列下にある中小企業の法人格を否定して、親会社に労組法上の使用責任を認めさせたこと。またその法人格否認の法理を、使用者概念の拡大という運動として、直接的に大衆行動に転化したのである。

国内で独占資本を相手にした場合には、この手法は、一九八〇年代まで、時代に適った有効な争議運動であった。しかし、グローバルな資本・新自由主義時代を迎えて、争議の主体も国内の労働者だけに限られなくなり、相手も多国籍化してきている。また現在は、失業時代といわれるように、雇用破壊と労働力流動化や、労働者の底辺に向かう競争と平準化の中で、非正規労働者や、内外における外国人争議との新たな連帯など、争議運動についても、グローバルな状況の中におかれてきている。だから連合や全労連という従来の労働団体の枠を底辺から越えていく飛躍が、東京総行動に求められてきているのである。

総行動で切り開いた運動は、かたくなに労働争議にこだわり続けたことによって、その個別性を突き抜けて、ある程度の普遍性を持ち、世界的な争議運動の質を獲得してきたと評価できる。一国の運動に限られたものではなく、アメリカのコーポレートキャンペーン（アメリカの労働運動による世界企業包囲運動）、ガリバー旅行記にでてくる小人たちが巨人のガリバーを縛っていく姿を模した「リリパット戦略」などと通じ合える運動でもあったのである。

二　争議について

1　争議の視点

日本労働運動は、敗戦直後の労働大攻勢以後、アメリカの後押しによる日本資本主義の再建と発展の中で、運動の先端部分の敗北と全体の後退を、半世紀にわたって繰り返し、そして衰退していった。

その時々の労・資の前線での攻防は、必ず社会状況の一つの転換の意味を持っていた。

生産管理闘争は日本において戦後の労資関係の原型を作り、また後に述べるが、「生産する労働組合」の可能性を細々とではあるが、社会の片隅で育んできた。地域ぐるみ闘争は労働運動の社会的運動の原型を作った。

敗戦直後の生産管理闘争は、アメリカの占領政策による日本資本の再建と激突した。そして一九五〇年代前半において、日本独占資本の再編強化にともなう基幹産業における左派組合つぶしに、労働組合は、尼鋼、日鉱室蘭闘争に象徴されるような職場を主体とした地域ぐるみ闘争で対抗した。一時代を画したといわれている三井三池闘争は、日本独占資本の海外に向けた競争力強化による産業構造転換政策、スクラップ・アンド・ビルドに抵抗したものである。

これら四五年から六〇年にかけての大争議の敗北は戦後労働運動の後退を意味した。だがその争議について、勝利か敗北かという二者択一の政治的な評価で判断すべきではないと考える。その時々の労働と資本関係の転換点に、労働組合側が積極的に対応すれば必ず争議が発生し、ダイナミックな運動が展開されるものであり、それぞれの局面に勝利と敗北は必ずついてまわるものである。特に大争議の敗北について、資本・勝利者、闘わなかった者の側から、後にその闘いの無意味性が必ず強調された。筆者はその考え方に組みすることはできないし、また、敗北にこそ労働者の解放の意義があるとする政治優先主義の立場もとらない。労働運動において決起した争議の完全な敗北、完全な運動の断絶などはあってはならないのである。完全な無意味性があるとすれば、それは組合が闘うべきときに闘わないことであり、それこそが完全な敗北といえる。三井三池闘争はその後における「長期抵抗路線」に争議の意義があるのではなく、その足跡として、職場本工労働者の大衆運動とその組織作り、坑内委員会や職場委員会、労使の現場協議制に、今でも大きな意義がある。また三井三池闘争はその敗北と引き替えに、社会保護政策といってもよい産業福祉的な地域振興政策を、半世紀にわたって産炭地に採らせてきた。結局、労・資の最前線での攻防は、必ず社会体制のシンボル的な転換点となってきたのである。

そして筆者の結論になるが、こういった過去の闘争の敗北は労働運動にとって決して無意味ではなく、今後はそれらの争議の大衆的な意義を総括して、労働運動側が、新たに発生した社会体制に対応し・対抗して、その状況を取り込むことができるかどうかにかかっていると考える。労働運動に終わりはなく、次の社会的対応能力が問われるものであるからだ。その時に、組合は組織内の評価を組合員から受けるだけではなく、当事者間の狭い問題を超えて、労働運動全体の評価、さらに社会的評価をどうしていくかという、もう一つの重要な社会性としての立場があった。労働運動は、いつの時代においても社会的構造（労資関係）としてあり、総評労働運動においても、それらの敗北後に懸命に国民春闘や弱者救済、年金ストなどを提起して、社会のヘゲモニーをかち取ろうとした。そして時々の社会的要求・政策を実現しようとあがき格闘してきたのである。またその時代の運動の裏側において、新たな多くの争議が発生してきたのであった。

2 争議からみた一九七〇年までの概括

この観点から、総評時代の転換点を筆者なりに概括しておきたい。従来の政治的な評価を度外視して区切ると、以下のようになる。

一九四五年の敗戦の直後から一九五三年の地域ぐるみ闘争までの総評運動前期の時代。五三〜六〇年の三井三池、安保闘争の敗北はその最後の部分に当たる。この時期はアメリカ型生産性向上運動と労務管理が導入され、日本独占体の再建がなされた時期でもあった。六〇年の三井三池争議は、戦後の労働運動史上最大の争議といわれた。それは「総労働対総資本」の闘いといわれたように、総評の総力をあげた全国闘争として闘われた。しかし、その壮大な言葉とは裏腹に、職場型労働組合の最後の抵抗闘争として象徴的な敗北であった。

一九五五年以降の六〇年争議の敗北を補う形で、総評・産業別共闘が花開き、七五年のスト権ストの敗北まで、後に述べるが、五五年体制における日本的産業民主主義が定着していった。この時期、日本企業はアメリカ的生産方式を越えて、ZDからQC運動、いわゆる職場「自主管理運動」が試みられ大成功した。その上で、査定と人事考課を柱とした日本型労務管理を確立して、日本的経営の成功がもてはやされてくる時期であった。そしてこの六〇年以降の争議の多くは、都市型産業における中小労働運動分野で発生した。六〇年安保闘争の敗北と相まって、高度成長と政治的な敗北の狭間、「もはや戦後ではない」と日本独占資本が自信を取り戻し、支配秩序が強化される中、孤立無援の厳しい闘いであった。その争議は「敵よりも一日長く闘う」というスローガン（六二年東京争議団共闘会議の結成）に示されるように、〃ど根性路線〃と言われた。そして資本と権力の強権的な争議対策の中で、あるものは敗北し、細々と堪え忍びながら七〇年代へと継続されていったのである。

解雇に抗議する沖電気芝浦の労働者たち
（1979年　撮影・今井明）

この敗北と持続を教訓として、従来型の党による政治戦略従属型の労働争議を乗り越え、労働争議運動として展開していくことになったのは、筆者が係わってきた七〇年代の争議であった。一九七〇年以後は、総評産別・単産の運動が、この日本的経営に絡め取られて閉鎖的になって衰退し、それに代わって地域市民運動（反公害闘争や反原発など）と地域労働運動が、全国的に大きく盛り上がった時期であった。七二―八五年は、大企業本社や銀行本店、官庁がひしめき合う東京で総行動方式が編み出され、全国の地域共闘の中心的軸になった。筆者もオルグとして最も精力的に活動した時期であった。この七二年を境として出現してきた地域運動は、総評底辺の中小組合、大企業の少数派組合、争議団の闘いを原動力にして、さまざまな行動が横に結び合って、地県評・地区労がこれらをサポートし、総評運動の後退をカバーしたのである。

3 裏筋の「共闘」体制のネット

七〇年代の争議は、戦後の伝統的争議とひと味もふた味も異なっていた。日本の資本主義が再建されて、高度成長期をステップに日本の企業が大いに繁栄する中での「闇」とでも言おうか、その中で、今になって考えれば、争議はその時々の最もユニオン的なものとしての特徴を持つことになった。この頃、党派闘争の明け暮れにうんざりした活動家が、それを超えて争議共闘運動を形成していった意義はきわめて大きかったと思える（社共の対立、社会党と民社党の対立、共産党と新左翼の抗争、新左翼間のゲバ闘争…そして党派の中の対立に明け暮れていた）。

イニシアティブをとったのは、全国金属や全国一般、東京地評に強い影響力をもっていた第二代総評事務局長であった高野実派の「社」「共」活動家グループと、地域労働運動に新興勢力として影響力を持ち始めた新左翼のグループの「共闘」であった。この共闘は、従来の社・共共闘型の党中央優先の意思統一によって合意されたものではなく、自然発生的に運動を媒介として形成されたのである。結果、個別争議を横に結んだ争議の直接共闘運動を作って、各党派活動家が横につるんでパッチワーク的な運動として展開されていった。タテ型権威がまかり通っていた時代、組合本部や党などの官僚から見れば、この「つるみ」は、横車、横やり、横恋慕と言われる「横」しまな運動であり、鼻つまみものであった。要約すれば、党派の「階級闘争」のくびきを外して、あたりまえの労働運動としての哲学や論理、そして実践に引き戻したのが、七〇年代に勝利していった運動であった。

そのような党派活動家の「共闘」としての圧巻は、七八年に起こった沖電気指名解雇反対闘争に典型的に見ることができる。

沖電気資本は大量の整理解雇を、まず希望退職として募集し、最終的に電機労連沖電気労組との合意のもとで、七八年一一月一日、指名解雇を強行してきたが、その内容がふるっていた。沖電気にいた全ての党派活動家を網羅した指名解雇であったのだ。共産党あり協会派あり、新左翼諸党派あり。そして、それだけではあまりにも露骨だと考えたのか、この人がなぜ解雇？と思うようなノンポリの普通の労働者も取り混ぜての指名解雇であった。

この指名解雇は、予め企業と労組と警察が一体となった組合員に対する「盗聴活動」がなければできない、「組織的犯罪対策法」の先取りといえる代物であった。沖電気の争議運動の鍵は、この資本の思惑を超えて、各党派活動家がいかに統一して団結することができるかにあった。その団結が創れた時、初めて沖電気争議の勝利的な解決が可能となったのである。その当時東京を中心とした争議共闘派（東京総行動・東京争議団派）の存在がなければ、沖電気争議団内部において、その統一を実現することはおそらく不可能であった。

4　組合外の労働組合の発生

七〇年代争議は、企業内の労使関係の枠組みから外れた当該労働者の団結体として再組織されていく運動であった。労働者自らが、場合によっては既存の組合から離れ、要求を自立させ、自発的な任意の団体＝争議団を主体として闘われてきたのである。また労働組合であっても争議団として再組織したものであったことが、特徴であった。そして労働争議となった以上、争議の性格を徹底的に学習して、勝利を目指して運動が展開されたのである。現在においても、その運動を総括して、東京争議団（東京地方争議団共闘会議／発足一九六二年）が、争議を勝利していく方式を、四つの基本、三つの条件に定式化したセオリーは健在である。

5　四つの基本、三つの条件

1、四つの基本（七〇年九回総会で提起）

①争議組合、争議団の団結の強化

②職場からの闘いの強化

③産業別、地域の仲間との団結と共闘の強化

④法廷闘争の強化

2、三つの条件（七二年一一回総会で提起）

①要求を具体的に明確にすること
②情勢分析を明確にすること
③闘う相手を明確にすること
（1・2を七四年一三回東京争議団総会で確認）

『東京争議団共闘一五年』佐藤一晴・市毛良昌共著はそのテーゼを評して次のように述べている。

一見きわめて平凡なテーゼだが、全ての争議に共通する、闘争を前進させるための点検基準が、平易に、具体的に示されていて、六〇年代前半の政治的包囲路線の気負いや、とかく決意、構え、「作風」、立場などに重点が置かれがちで、受け取る人によって意味のちがう主観的な定式化をはるかに越えている。ただ、彼らが七〇年代の労働組合運動に切り開いてみせた展望の性格は、日本労働運動全体の性格の中でどのような意味を持っているのか、それがなぜ可能だったのかについて、感じとっていても、明瞭に明文を持って意識されていない。

以上のことについて少し解説しておく必要がある。

まず四つの基本における①は、争議を闘う主体の形成であり、従来の労資関係からの自然発生的な分離独立が方針の中に込められている。そのことを通して、闘う影響力を職場や組合に強化していくこと、すなわち、従来の組合を労働運動として対象化したことであった。②③は地域、産別に広げていくこと。従来のおためごかしな「総労働対総資本」という空虚な党派的主体を遠ざけ、大衆運動主体へ転換させたものであり、だから実践的感性の鋭さがうかがえるのである。

これら基本の①②③は、争議主体を党派的なあり方から、初めて労働組合運動における任意の自発的な大衆主体の形成へと転換させた運動論であった。その主体形成論が、客観的にもリアリティーを持っていた。何故かといえば、七〇年代の合理化攻撃の特徴の一つである職場型労働組合の解体が、さらに進行して企業派組合に再編されていき、労働組合がもはや現状のままでは闘う主体ではなくなっていたからであった。これは組合の没主体性にリアルに対応する方針であった。④の方針は、以上のような主体転換論と併せて、共産党の重要な方針転換があったことによる。それは、レッドパージ以後長らく続いてきた職場における従来の非公然的な党活動（共産党の細胞）を、憲法の下における思想的平等を積極的に取り入れることによって、公然化した組合活動に打って出たことを意味していた。このことから共産党組合活動の非公然的活動からの転換を読みとることができる。争議を従来の階級闘争論から組合大衆争議論に転換させたのである。

法廷闘争の強化とは、労働法制を拠り所とした労働者の特別の権利（労働三権：刑事・民事罰などからの解放）を根拠として、資本の不当性に公然と対抗していくことであった。また東京総行動のところですでに述べたが、その基本方式の採用と相まって、「法人格否認の法理」も法廷闘争における争議理論の拠り所となっていった。その法廷の戦略がリアリティーを持っていたのは、この時すでに日本の大企業労働組合の果たす役割が、労働法制以下の存在でしかないことを意味していた。企業内大労組が労働者の基本権利を個々の労働者から奪った現状を、東京総行動は争議で突破して、総評弁護団の努力も含め、さながら「総労働対総資本」の闘いが労働委員会や裁判所において展開されたのである。

以上のことを東京争議団の指導者がどこまで読んでいたかは知る由もないが、労働争議における運動戦略の基本となったのは、まぎれもなく赤色組合論からの修正であり、「産業民主主義型＝社会民主型」の方法であった。

6　争議思考はビジュアルな思考ツール

東京争議団のこの定式が確立される以前や、争議をそのように見ない集団では、政治主義が争議指導の前面に出てくるものである。労働争議は、資本と闘うという性格上、階級的労働運動最前線の闘いとして位置づけされる側面を持っている。だから笑ってすまされない話として、政治主義的な争議観では、争議団の要求がアメリカ帝国主義の植民地からの独立であったり、争議の情勢分析が日本独占資本の分析であったり、その日米支配の手先である組合のダラ幹部（堕落した幹部）や民同や敵対する党派にホコ先が向いたりするのは、今も昔も大差ないのである。要するにこのような争議の前置き部分がすべてで、争議団の解雇撤回や経営の具体的分析、親会社や銀行などという具体的な相手は、二の次・三の次にされていた。争議は「党」による暴露や宣伝の場であり、日米支配階級がいかに労働者を搾取し惨めにしているかというサンプルのための争議運動と、党派のための労働組合、すなわち赤色労働組合主義が根本の哲学から一掃されない限り、そのような理屈がはびこりやすいのである。さすがに今日ではそのような「ペテンまがい」はなくなってきているが、それにつれて、より巧妙な詐欺的な行為があらわれてきているのも事実である。先行き不透明な今日、単純なガチガチの原則論が復活し、争議における党派のドグマ（教条）としての「考え方」が、ますます幅を利かせてくる傾向も見受けられる。このような原理主義や、それと表裏をなす時代錯誤思考がはびこることは、大衆運動にとっても、まずろくなことにならないと筆者は考えるのである。

7　経験の積み重ねを全体テーマに

労働争議において、それを闘う労働者は、ともすると争議の基本的な性格からはなれ、原理的思考になりがちになる。それは大方の争議が資本制のラジカルな矛盾によって起きるからである。また経営者に対する恨みつらみの感情論は、敵味方をステレオタイプに二分する考え方に直結する。そして争議において、ラジカル性をドグマにしてしまい、争議運動を、守る会や連絡会の組織を作って党派が党派指導を強要するという問題が意外と起こってくる。労働争議の原因や出発点は同じであるが、大衆的争議が持っている戦略と党派の戦略は、その手法も結果も全く違っているのである。だが、かなり経験を積んだ指導者であっても、党略の強要か否かの判断をすることや、争議団にその時々の事象だけから戦術を決断させていくことには困難がつきまとう。まさに今、「ここが争議の潮時」というのに、党派の事情で争議解決ができないこともしばしば起きてくる。もちろん、当該がそれで納得しているというのであれば、いくらまわりでやきもきしても詮無いことであるが。だから争議における運動は、なんでもありではなく、自然と立場性が確立されてくる。東京総行動を展開する立場においても、「自立・共闘・創造」という大枠の運動のあり方、思想性とその運動基調が自ずから必要となっていった。

職場占拠・自主生産で闘ったペトリカメラの組合員
（1979年　写真提供・協同センター・労働情報）

東京総行動・全都反合共闘における党派性は以下の了解ごとをふまえていた。

①争議団の自立、争議団の利害を主体にする
②考えを決して人に強要しない
③直接大衆運動で展開する
④大衆運動強化の実践行動を拡大して敵を包囲する
⑤争議団の参加は出入り自由
⑥大きい争議団も小さい争議団も平等に扱う

このような大まかな取り決めが共闘の枠組みとなり、自己の争議だけがよければいいというご都合主義を排して、

共闘の仁義がそれを支えたのである。それらの原則に、当然反りが合わない集団とは無理して共闘関係を作らなかったのである。その時代の東京総行動派は、まったく「わからずや」の党派は別にして、共闘するもしないも一定程度の暗黙の了解が成立していた。筆者たちや東京争議団の指導者たちは、党派に対してその程度のイニシアティブを持っていたのである。

そして個別争議においては、大まかな運動論＝争議運動の見方・考え方が、でき上がっていった。それを別の角度から言えば、大衆運動の立場であり、四つの基本と三つの必要条件でもあった。この思考のイニシアティブの確立は党派・官僚思考とは別のものであり、静かな労働者の文化革命でもあったのである。

普通の弱き人々は、その場限りであっても、ドグマの真実味を持った外側からの言葉に一旦は騙される。また官僚的な甘い言葉にも弱いのである。しかし、二度と騙されないために、内側から弱き大衆の強い思考をどう創っていくかが大切であった。争議運動は、大衆的な経過の積み重ねが全体のテーマとなり、また組織強化になっていく大衆的思考の自立化を必要としたのである。例えば、浮気亭主のその場限りの取り繕いに対して、妻が積み重ねた生活思考で、最後にはそれらの度重なる嘘を粉砕していく知恵力のようなものである。そして妻の知恵力は、勇気ある自立に拠ってしか支えられないのである。

その考え方へ通じる道を開いたのは、六〇年代争議の担い手たちの、苦い時系列的経験の蓄積と、大衆討論による認識の共有化であった。このような思考方法は、映画における手法とよく似ていると思われる。映画は対象の認識を一コマ（大衆の認知）の積み重ねで行い、そのコマの連続性で表現していく（争議団仲間の大衆討論）、という方法を取っている。七〇年代争議は、さまざまな争議団が競い合う東京総行動の〝せり場〟で、党派による価値観ではなく、いかに大衆的な争議を作りきっているかで仲間内の評価が厳しく下されたのであった。

争議におけるこの思考方式は、新聞方式よりも、映画的見方と考え方で敵をとらえ、情勢を分析し、運動を表現した方が優れた方法であることを証明したといえる。だから、各争議の重要な局面においては、七面倒くさい論議をくり返すよりも、運動経過の事実を突きつけた方が、指導方向が明確になり、争議運動における指導の担保になったのであった。

その反面この方式は、争議による労働運動の普遍化においては限界を持ち、個別争議の「マニュアル」化を進めたことも否めない事実である。七〇年代争議運動は、どんな争議においても一定の水準まではおおよその運動法則があり、その発展段階の特徴に沿って、指導の目安が一般化したのであった。このような争議の運動は、敵の姿を暴くと同時に、党的なドグマの指導における詐欺やペテンを見抜く力を養っていった。争議を闘う大衆は逞しくなり、さまざまな怪しげなものに騙されなくなり、争議の勝利を確信したのであった。

以上の争議運動における「四つの基本、三つの条件」につけ加えて、争議がどこに来ているのかの一定の目安となったのが、次に述べる「争議運動三段階論」の確立である。

8　争議運動の三段階

個別争議戦略は、運動の発展段階に応じて、およそ三つの段階を経過する。まず第一段階は、敵の圧倒的な攻勢の下での争議主体形成の時期。第三者機関を舞台にした闘いが準備される。

第二段階は、共闘会議や守る会の結成を起点とし、敵に対して社会的包囲網を形成する。

第三段階は、解決局面。社会的包囲から敵の絞り込みへと運動を集中させ、争議解決を相手に決断させる最大限行動・集会への決起が必要。争議側からは、解決の意志を明確にした最終的解決案の提示。そして、争議は敵の中の味方、味方の中の敵など双方入り乱れた状況となり、最終解決の時を迎えるのである。

この争議運動三段階論は、当然一様な状況を呈するのではなく、さまざまに起きる事件の影響などで、時期区分に長短が生じるのは言うまでもない。第一段階に長い時間をかけなければならないこともあれば、その後解決までトントン拍子で進む場合もある。沖電気争議はこのタイプであった。また、第二段階で長らく足踏みし、その間、自主生産や自主販売などに労働者の真骨頂が発揮されるのが、工場を占拠した倒産争議であった。今、国鉄闘争は最終局面を迎えていると言われるが、第三段階が異常に長いのは国鉄闘争の特徴でもある。第一段階は、無から有を生じさせるオルグたちが必ず必要な時期であり、腕の見せ所でもある。第二段階は、労働者が争議運動にも慣れ親しみ、運動における夢が広がり、全国各地に出かけていって、多くの人々との出会いがあり、一番楽しい時期。第三段階は、指導者の交渉力や政治力が試され、争議指導の真価が問われる胸突き八丁の時期である。

争議に費やす期間は、争議「勃発」と同時に六ヵ月、一年、三年、五年、九年が節目になってくる。労働者の誰しもが長期争議を望まないのは当然である。だが、くだらない幹部に限って、争議の始まりや重要な局面になると、「長期争議になる。大変だ」と声高に吹いてまわる（善意で解釈するだけではなく、相手側が工作する場合が多い）。不思議にも争議には必ずこのような決まり文句が出てくるものなのである。そのような大合唱の中で、争議団の動揺をいかに少なくしていくか心を砕くのが、指導者の務めでもある。

9　争議の背景

労働争議を抱えることは、経営にとってもかなりの負担がかかる。だから経営者は労働問題が争議になることを極力避けようとする。特に経済の成長期であった七〇年代は、争議を発生させること自体が無能な経営者という評価を受ける、労・資の安定期であった。また敗戦直後に起きた大争議は、今なお苦い経験として受け継がれていて、労資のどちらにも、精神的な抑止力となっていた。この労資双方の安定指向が、後に〝労働争議は組合運動ではない〟とする考えを生んだと考えられる。

七五年春闘「交通ゼネスト」の敗北（春闘連敗そして崩壊）以後は、春闘期におけるストライキが決定的に減少し、変質していった。職場占拠型はめっきり減り、「寝トライキ」と言われるような労働力不提供型となり、ストライキにおけるピケットラインは警察の介入を受ける対象となった。労資関係の安定化、さらに進んで、企業の安定帯に変容してくると、以前のような「労働争議になるぞ」という現場の労働者の脅しも、労資双方に通用しなくなっていたのである。

だが、歴史とは皮肉なもので、労働争議が労働界で死語となり始めた時に、逆に東部地域において多くの中小争議が生まれた。「災難は忘れた頃にやってくる」という諺の通り、大企業におけるストライキはほとんどなくなったが、中小企業において、とりわけ工場閉鎖や企業倒産にまつわる争議は増え続け、先鋭化していった。当時の東部地域の倒産争議をざっと思い浮かべて見るだけでも、化学同盟東亜理化（ビニール安定剤・江東）、化学同盟長瀬ゴム（ゴム加工・墨田）、墨田合同墨田機械（印刷機械・墨田）、全国金属浜田精機（印刷機械・江東）、全国金属ペトリカメラ（カメラ機器・足立）、全靴労連パラマウント製靴（靴製造・足立）、墨田合同東洋ブロンジング（メッキ・墨田）、運輸労連浅古運輸（清掃・足立）、運輸一般林運輸（運送・江戸川）、などがあり、まさに争議運動オンパレードだった。

労働争議とは、「労・資双方が自己の意見を主張して、論じ争うこと」だが、その主張は必ずしも直接の当事者間で争われるものばかりではない。七〇年代の争議は、中小の職場の外部から一方的に「背景資本」の主張が押しつけられたのが原因であった。また、大企業労資の「代理戦争」の様相を呈し、長期化する特徴があった。大企業・銀行などは、本体企業において労資安定帯を維持して、世界に向けて利益拡大をめざし、不安定要素と非効率性を駆逐するために、その本体系列下の中小や受注先の経営者に対して、裏から組合排除を押しつけてきたのである。労資安泰のこの当時、企業が倒産するなどというのは、まるで「青天の霹靂」で、親企業や金融資本の狂言回しと、さらに国の産業高度化政策、都市化による自治体の用地指定などの線引きによって、その職場の外部から、突然の組合つぶしや、中小職場の丸ごとの工場閉鎖や倒産攻撃＝全員解雇が仕掛けられた。

10　争議と指導

争議の指導者は、やむを得ず闇雲に争議入りする場合があるが、ある程度のデッサンができていないと、なかなか踏み切れないものである。その争議のおおよそのデッサンを争議指導者やオルグが描き、徹底討論によって、その大まかな方針をみんなの納得できるものにしていく。それが争議入りの前提条件である。筆者が見る限り、争議デッサンが描ける単産の役員は、現在では片手でかぞえられるくらいになってしまった。ことさら言うのも口はばったいが、国鉄労働組合とて同じことである。ここの幹部連中は、あれほどの争議になりながら、この一六年にわたる争議運動の何たるかの経験をほとんど蓄積することができなかった。それは企業内労資関係の呪縛の強さ、さらに〝争議は労働組合運動ではない〟とする労資同一の価値観、その企業主義の根っこが腐りはじめているにも関わらず、その幻想に党派が支配されているためである。争議にはずぶのど素人が、ずる賢い敵（運輸省の小役人・JR・JR総連・自民党・自由党など）に、「企業主義という人参」をぶら下げられ翻弄されているのだから、向こう側から見たら喜劇を通り越して茶番ですらある。だから争議中は、全くダメな争議指導をできるだけ早く断ち切らない限り、必ず争議側と組合運動全般にわたって、いや労働委員会制度など社会法制上でも、悲劇的結果をもたらすのは論を待たない。このように単産の利害（派閥）代表者と争議指導者は、その立場や利害を決定的に異にする。

交渉の入り口で闘い（争議の意義）を放棄した解決交渉などというものは存在しない。交渉として成り立たない「交渉」は談合と言う。その談合の結果、国労闘争団は、今まで闘ってきた意義を解体され、遠からず国鉄労働組合そのものもなくなってしまうだろう。元も子もなくなる事態は自ら招いたことだが、労働委員会制度についても、この「偉大な国鉄闘争」の無知な指導の巻き添えで、トドメを刺されかねない状況が現在進行中なのである。

争議指導の価値観とは、以上のように徹底した社会性と労働者性の統一が要求される。指導者にその価値観が欠落していた場合は、大型長期争議であればあるほど、運動側が今までのすべての意味と未来を失いかねないヤバさと脆さを持っている。小利口な企業内労組幹部ほど、そのことに無自覚であり、始末におえないノー天気な価値観しか持ち合わせていないことを、争議当事者側は厳に肝に銘じておくべきであろう。

先に、争議運動の三段階として戦略と指導の要旨を述べたが、当事者の側についてのそれらを以下に記す。

第一段階　生活のイメージ

第一段階は、敵の圧倒的な攻勢の下で争議主体形成の時期である。この時期に最も重要なことは、労働者がそれぞれ争議中の生活のイメージを確立していくことである。

雇われ者の悲哀は、自由業とは違い、他人に雇われていることに端を発している。これまで日本の労働者は雇用が広く保障されていたので、たとえ転職などによる雇用機会がどんなにあろうとも、解雇や倒産によって雇用関係がなくなった場合の精神的ショックは、かなりのものである。会社が倒産し解雇されたのに、それを妻や家族に隠したまま、何年も争議を続けていたおとっつぁんも珍しいことではなかった。隠せていると思っているのは親父本人だけであり、家族全員が心優しさから知らぬ振りをしていたというのが本当の話だが。これらの事実が意味するところは、労働者の責任に全く属さない倒産問題ですらも、世間体を気にして、「何か悪いことをしたように思われること」への防衛精神の表れであった。雇われ者の悲しさは、雇用関係に端を発して、このような「うしろめたさ」が日本的風土の中で固定化されていたことである。争議主体側の生活のイメージを作り上げていくことは、生活上の対策となるばかりでなく、雇われ者根性を越えていく社会的運動としてもある。また争議運動の大衆的な「積極性」を作り出すことになっていく。

雇われ者を超越して生活の糧をどう創り出していくか。その方針と具体的な方策の作成がこの段階の主要テーマなのであり、それが長丁場の争議に耐えられる基礎を確立することになる。争議指導者はその期間中に、雇用保険の仮給付を活用して、生活の糧を創り出していく、仕事起こし、事業確立の準備をすることが望ましい。そのヒントは、意外と身近な職場の仕事やその延長、職場をとりまく人間関係の中にあることが結構多かったのである。そして事業を成功させていくコツは、計画は大胆（大風呂敷）なものでいいが、実際的には少人数でできる堅実なことから始めていくことにある。なぜかといえば、争議の最中は、すべてが悪いように、また消極的になってくる気分になるのはあたりまえなのである。皆で討議をしても、空論ばかりの意見を闘わせるか、お通夜みたいにみんなが押し黙り下を向いているかが、ごく普通の情景なのである。どこから皆のやる気を起こさせていくか、それが指導者やオルグの腕の見せ所なのである。

現在、このような自主的な事業としては、生協運動に限らず、ワーカーズコレクティブが世界的にも盛んになってきている。倒産争議の場合は、この自主的な事業の延長が自主生産になっていった。

争議は、労働者が生活の糧を稼ぎ、また創り出していくことと呼応して、さらに団結をより強化していく運動への指向性ができてくる。争議団は、それぞれの生活を含め団結力の強化を図っていくために、生活対策が決定的に重要なのである。その最も有効な方法は、争議団・闘争団や組合の管理による賃金プール体制の確立であった。一人ひとりの稼ぎを組合全体でプールし、それぞれの切り詰めた生活に応じて、個人と全体の合意と納得の下で賃金を組合が支払う方法である。この方法は結果もさることながら、それを討論し納得と合意を創り出していくところに、また相互の贈りもの＝互酬行為として、組合運営の原点がその行為のなかにあるところに大きな意義が存在する。
この方法を取り入れた争議団は、長丁場の争議においても必ず耐えぬき勝利することができた。現在この状態にほぼ近いのが国労闘争団である。

第二段階　共闘会議の意味

第二段階は、共闘会議や守る会の結成を起点とし、敵に対して社会的包囲網を形成する時期である。かつて、争議団が組合に対して党派的な運動としてあった時期には、共闘会議を結成すること自体が非常に困難であった。争議の支援体制を確立することは、その争議が社会的な認知へと繋がっていくことでもあったので、経営のみならず、親企業や上部団体の労使が、下の方で勝手に共闘を作ることを、表と裏から妨害するようなこともあった。

共闘会議を結成することの本来の目的は、異質で多様な団体を共闘に結集させ、相手を包囲することである。その意味から、もともと同心円（党派）的な集団では、社会に散在している仲間や同族組織を集めた言葉だけの共闘になり、内実的な意味を持ち得ないのは当然であろう。どこまでいっても「お仲間」の運動であり、共闘運動にはならない。その程度なら対策会議で充分間に合うのである。争議団に限らず、市民・住民・被害者団体などで、共闘会議としての初歩的な勘違いを犯している運動は結構多いのが現実である。異なる思想との共闘、別な階層との共闘、性別を越えた共闘など、異質なものとの共闘体制をどうつくっていくかが肝心であり、現在においては、雇用労働者の争議団運動は、非正規雇用労働者や失業者との連帯をつくっていく視点で共闘を作っていくことなども心得るべきであろう。

第三段階　解決・交渉の意味

第三段階は解決局面の時期である。この時期の最たる特徴は、指導者の交渉力や政治力が試され、争議指導の真価が問われることにある。なぜかといえば、こちら側とあちら側との知性をかけた見切りの勝負となるからである。

今まで遠い敵であった相手が、身近な交渉相手として突然現れたりする。こちら側の運動論理や価値だけではなく、相手側の論理や価値を正確に計る、その相互の力関係のバランスセンスが、交渉の枠組みとして集約される。社内派閥抗争の激化、合理化の繰り延べや得意先の離反や売上のがた落ち、また裁判などの第三者機関での敗北が濃厚だったり、安定帯としての労資関係に動揺が生まれたりなど、企業側の泣きどころも見えはじめる。

だから労働争議の交渉のコツとは、先ず初めに相互が力関係について一致した認識を持てることである。こちら側にとっては、争議の到達点を認めさせることになる。次はそのバランスの上で、要求の最大限の解決を認め合うことである。

労働争議の場合は、初めから労働側が仕掛ける争議は滅多にあるわけではなく、相手から全員解雇などの攻撃が仕掛けられるから、やむを得ず争議になっているのが実状なのだ。労働争議における交渉は、敵が争議側を交渉相手と認め、さらに大枠の要求を認めた時、初めて争議解決の内実を持った交渉となるのである。だが、単産本部やナショナルセンターの幹部や弁護士などによる裏の交渉は、争議団にとって実質的な交渉とはいえないことがある。争議側と解決要求の大筋を必ず交渉相手に認めさせることが、争議解決への前提なのであり、この手続を踏まないと、争議はしばしば振り出しに戻ることになるのである。争議運動とは以上のような条件を創り出していくことである。

函館総行動に参加した全造船函館分会の組合員（撮影・今井明）

また労働争議においては完膚なき敗北はあり得るが、たとえ要求が一〇〇パーセント通ったとしても、完全な勝利というものはないのである。職場に戻って以後、組合が崩壊したり、職場復帰をした争議団が一年もしないうちに辞めてしまうことなどいくらでもあった。それでもそれを可としなければならないのも争議であろう。争議における勝利とは、もちろん、具体的な要求解決であるが、労働争議運動中の全過程における労働者の団結、労働者の具体的な価値の創造に、その意義を求めることができる。その結果、バトンリレーのように、将来にその争議の意義が受け継がれることに解決の値打ちがあると思われる。それは争議一般に当てはまることだが、農民一揆の場合は、要求が一〇〇パーセント通って勝利したとしても、その指導者は親類縁者までが獄門磔けといわれてきた。争議運動は、その当事者が解決の責任を一〇〇パーセント引き受けることができてこそ、争議運動の至上の喜びとしての「美」がそこにある。最終的に、争議指導者が得るものといえば、労多くしてなんぼのものと計ることができないが、最後までやり切ったという芸術的な満足感として、無上の心地よさがあることをもってよしとすることなのであろう。

三　自主生産闘争

1　自主再建の継承と消滅

七〇年代、八〇年代中盤に発生した争議は総評崩壊後、主に国労闘争団や全都反合共闘に参加する中小単産などに、その争議思想やノウハウがさまざまな形で引き継がれてきた（『労働者の対案戦略運動』ワーカーズコレクティブ調整センター編、緑風出版、一九九五年刊参照）。

倒産争議のなかでも比較的成功した工場占拠と自主生産運動は、自主再建を果たした後、二つの道をたどった。それは、組合主体の新会社としての再建と、労働者協同組合事業としての道である。前者には、組合役員が会社の発起人となり委員長などが社長になったペトリカメラや、印刷機の浜田精機・墨田機械などがあった。それらの中には、厳しい経営のやりくりで再度経営不振に陥って消えていかざるを得ない会社もまた多かったのである。後者は、日雇い労働者を組織した全日本自由労働組合（全日自労）が創り出してきた、協同組合への道である。全日自労は、政府や自治体による戦後の失業対策事業の打ち切りに対応した受け皿として、中高年事業団（地方・センター）を結成して、労働者の手による事業団運動を展開してきた（『労働組合のロマン』中西五州著）。この運動は、良い仕事（社会的有用労働）をコンセプトとして、公園・病院・ビルのメンテナンスなどの委託業務を主な柱に事業展開してきた。今日においては、農業生産、食品加工、流通部門、教育・福祉部門などさまざまな分野に事業を拡大し、日本における労働者協同組合運動のセンター的運動へと発展してきている。また、そのグループに自主再建企業が参加し、あるいはパラマウント製靴や国労闘争団事業のように、協力関係がつくられてきた。

2　経営再建の新たな手がかり

九〇年代後半からの大量企業倒産（二万件・九九年）に対し、カメラのニシダ、武井商事（シャルマン）、東亜など、新たな装いの倒産争議が再び起こり、マスコミにも取り上げられ、注目を集めている。英会話学校「トーザ」・「リープ」（大阪）経営者の夜逃げから始まった倒産騒動は、英会話教師（生産者）・ユニオンと生徒・父母（ユーザー・消費者）の協力によって、ユニークな英会話自主レッスンが開講され、市民的な支持も受けて運動が進められている。それらのルポは、ゼネラルユニオンの山原克二さんが、倒産・失業時代の現に起こっている「元気な労働運動」として、倒産争議が何であるのかをズバリ教えている。

筆者もトーワ（治具・機械工作）、ササゲ（パジャマ製造）、東亜（建築販売）、カメラのニシダ（DPE・カメラ販売）、シャルマン（寝具卸）、仙台のホテル瑞鳳（ホテル業）の倒産争議に関わってきて、従来の解雇撤回・雇用確保を求める闘いから、何か「労働者自らが自主的事業を求めている」雰囲気を感じてきた。それは、従来言われてきた「労働者の生活と権利を守る闘い」の前提であった雇用保障を第一義とする運動から、ごく自然に「生活の糧＝仕事起こし」へと、とくに若い労働者の関心が変わろうとしていると思えるのである。従来の企業共同体意識が微塵もなくなってきているというのが、当世労働者気質なのであろう。雇用破壊と雇用流動化の中で、雇用保障の前提そのものが崩壊し、企業との結びつきが人間関係を含めて希薄化している。その結果、倒産において責任をとろうとする経営者は姿を消し、雇用保障を求めていく社会的条件がかなり狭められてきているのが、今日の状況である。カメラのニシダ争議では、旧来では考えられなかったことだが、たまげたことにメインバンクである東京相和銀行が破綻してしまった。整理回収機構が肩代わりし、さらに東京スター銀行に経営が売られたが、この整理回収機構やスター銀行などは、雇用責任を一顧だにする余地も持っていない。大失業時代は経営者無責任時代でもあり、日本にはとめどもない空虚社会が広がってきている。

そのような状況にあって、競売にかかったビルを組合自らが「買い戻したい」といった発想が生まれている。カメラのニシダをはじめ自主生産組合は、組合仲間が自力で事業体を作り出していく社会的運動の一歩を踏み出している。従来の倒産争議の目標は、雇用保障を求めて、可能な限りで企業（会社）再建の条件を、運動によって作り出していくことであった。またその雇用責任をとらせるための、親会社による企業再建を援助させる闘いであった。そしてその条件が整わなかった場合は、組合が自主再建に踏み切って雇用責任を果たしていったのである。それが優等生組合の、倒産争議運動における責任と大義の建て方であった。このような反倒産・自主再建は、その自主再建そのものが、雇用関係を組合が代行していく、という矛盾を内包していた。七〇年代から八〇年代倒産争議運動は、自主再建におけるこの擬似的な雇用関係を含み込んだ矛盾が解決されない限界があった。

雇用関係を組合自らが代行した矛盾を抱えてはいたが、それらの倒産争議は、「良い仕事」や「社会的有用生産」などの新たなキーワードを提起して、労働運動理念に新たなインパクトを与えた。そして自主生産運動は、当時においては労働運動に対し、今日の大倒産時代においては社会に対してインパクトを与え続けている。ここにいたって労働組合は、従来経験した倒産争議の思想性が再び問われ、また、従来の雇用を前提とした運動の限界（消極的な側面）を超えた、反失業闘争の構築（積極的な側面）が求められている状況が到来している。

3 反失業闘争の概念破壊と再構築

日本の労働運動には、戦後、成長し続ける経済・社会にあって、失業問題を深刻に受けとめた反失業運動がなかった。七〇年代不況期においても、政府の失業対策は、雇用調整給付金を設けて、失業者を出さないように企業内部に抱え込ませたのである。

日本の反失業運動は、敗戦直後の一時期とそれ以後の全日自労や中小・民間の倒産争議、全日本港湾労働組合（全港湾）の共同雇用闘争などを除き、個別企業に「雇用を要求する」運動しか経験してこなかった。日本の労働運動は、二％前後で推移した失業率の下で、反失業イコール雇用保障として、個別企業に雇用を求めるのみの、狭い概念でしか語れない歴史的経過があった。大失業時代を迎えて、雇用を企業に要求していく雇用保障運動では決定的に間に合わなくなってきている。筆者の周りでも、にわかに雇用問題の論議が起こってきた。

その議論の中での、雇用労働者の雇用闘争「概念」破壊の急先鋒は、設楽清嗣さん（東京管理職ユニオン書記長）である。設楽さんの主張は、反失業運動の前提を雇用保障から切り離したところに、従来コンセプトの破壊性がある。

設楽論は、失業者とは必ずしも雇用労働者に限定するものではないとし、中小零細経営者、自由業、潜在失業者（就職できない学生や主婦）、また不安定雇用労働者（派遣・有期雇用）についてもこの失業者概念で括って、自立した失業者運動を提起している。その延長には、失業者ユニオン（同盟）

を構想して、非営利事業（NPO）をテコにした地域年金福祉制度の再編成なども考えられている。高所得幻想の呪縛を破り捨て、お題目ではない社会的ワークシェアリング、賃金の社会的平等、社会的時短など、労働者文化革命の思いがそこにある。

筆者の論は、雇用保障論と自立した失業者運動論の中間に位置している。従来も、経営（経済）危機が叫ばれると、労働運動側はおよそ三つのスタンスを対置させてきた。一つは経営の民主的改革（主に官公労、全労連）であり、二つは組合の経営参加（主に大企業組合・連合）であり、三つは労働者・組合の自治、工場占拠自主管理（中小組合）である。それらの対置は、雇用闘争として今後の反失業運動になにが有効なのかを問うている。筆者たちが三つめのスタンスで運動を展開してきたことは、まぎれもない事実であった。

経営の民主的改革と参加論は、組合の自主生産・管理と組み合わせができれば有効な戦術と思われる。だが労働組合の主体が企業と一体化している今日、経営の民主的改革や参加論は、労働者の排除と切り捨ての、体のいい隠れ蓑でしかなかった。労働組合が問われるものは、主体の質、社会性と自立性である。労働者・労働組合の自立思想がなければ、全てがマイナスに帰する論理になってしまうのだ。その意味から、新たな時代の組織に問われるのは、運動主体側の自立と社会性、さらにグローバル資本制と対抗していく世界性、それらにおける組み合わせである。「完全」雇用制時代の反失業運動の視点から見た運動経験の一つに、倒産争議運動があった。その中でも工場占拠自主生産の闘いは、従来の産業崩壊という国際資本戦争の中で、次の時代に向けて大きな意味を持っていると考えることができる。

4　争議労働者の自立

筆者が係わってきた争議を一言でまとめてしまえば、争議は、ポジティブに、労働者の一人立ちを飛躍的に高めたということである。ごくあたりまえのことだが、第一に、争議は経営からの攻撃に対する反抗であり、それは企業（社会）からの独立を意味した。特に解雇・倒産争議は、その事業体から雇用を断ち切られることによって、あるいは倒産することによって、労働者側の事情にかかわらず、経済的にも独立を強制された。第二には、労資関係がなくなることによる、組合（従業員）からの自立でもあった。以上二点は、ポジティブな意味では、資本からの自由、組合（組織）からの自立ということである。この二つを前提にして、第三には、日本の労働組合の伝統であった党派系列型と上部組織統制型の運動を、労働者大衆が下からの直接的な共闘によって越え、争議運動が相対的に自立できた点であろう。この争議の自立化は、既存の縦型運動スタイルを超えて、戦後労働運動史上初めて、横型の運動スタイルとして形成されたと言える。ことほどさように日本の組合では党派所属の縛りがきつかったのである。

5　争議運動の対《つい》概念

東京総行動が最も盛り上がった時期、全造船玉島や大分の佐伯造船など、全国各地で発生した争議が、地県評の力を借りて、東京に攻め上ってきた。それらの争議を抱えた県評は、総評本部よりも東京の全都反合共闘を頼りにしてきた。全都反合共闘は中央・東京における全国闘争を展開する回路を作り、この全国大衆行動の回路を通して、従来の対立的な関係にあった党派、単産所属の争議を越えて、幅広い横断的な全国運動として展開された。そしてこのような運動が成立した結果、労働者の「自立」と「横断的運動＝共闘」は運動体にとって「対《つい》である」という関係を作っていった。

特にこの時期における争議運動は、地域における自立と中央（東京）における共闘が、切っても切れない関係を作り、人的にも地方と東京の強い関係が作られていった。争議を通して作られた関係、自立と共闘は運動の基礎的な構造であり、同時にその運動構造は、社会性の原理的な組成の単位として、その関係を位置づけることができる。なかでも東京・東部地域の争議運動が、最も自立と横断的運動を展開してきたと筆者は考えている。全逓東部は「反共民同」の最右翼にあった。それと最も「共産党」と言われ最左派にあった全金東部地協が、四・二八処分反対闘争と倒産争議を共に闘っていた時期があったのである。また全国においても、全都反合共闘と大分県評の佐伯造船闘争、岡山県評の玉島住友造船闘争などとが共に闘うことを通して、地域運動組織が直に交流を深めていった。公式にはあってはならないことが、実際には起こっていたのである。争議運動における絶妙の「妙」は実のところ、このように実際起こる一つひとつの隠れた出会いと創造的な共闘にあった。全金田中機械（大阪）はその当時、日共糾弾の横断幕を構内入口に掲げていたが、共産党系組合も含む東京争議団がやってくる時には、それを自ら下ろしたというエピソードがあった。さらに田中機械の指導者は、占拠中の工場では絶対禁酒であった規制を解いて、争議団員らと酒を酌み交わし、夜通しの交流が行われたのもその一つの証であった。

東京争議団風に語れば、「後ろからも横からも弾が飛んで来る」なかで、党中央や単産上部の意向に逆らって、争議戦線拡大を求めたオルグが、公然とある時はこっそりと、各地域争議拠点と東京との間で行ったのであった。

工場占拠・自主生産中のペトリカメラ構内で地域の人々とともに盆踊り（1980年　撮影：今井明）

6　異端から陽気な運動へ

争議運動の自立。そこには逆境であっても普通の労働者たちの熱い仁義が育まれ、労働運動の気概があり夢があった。従来の労働者観では、労働者の夢というのは、かなり被虐的であったりして、〝暗い〟のが大方であった。だが、ここで見た夢はなかなか陽気な夢であったと思う。従来通りの被虐的なサンプルを運動のエネルギーにするのか？　新しい陽気な夢をエネルギーにするのか？　それは、それぞれの好みの問題であり、結構難しい問題には違いない。だが、もし、労働者の社会的な革命性の大道を求めれば、選択されるのは自立と協働性に基づいた陽気な運動の方であろう。

また、その運動理念（目的意識）は、それぞれ労働者の夢が一致し重なる部分が濃くなり、広がれば広がるほどに、労働者の自立した社会的ビジョンが創られるのではないか。そのような運動の堆積と広がりから共通する意識＝労働者の未来社会像が創出されるのではないかと考える。その視点から社会運動を見直せば、生協、住民、市民、ＮＰＯ、農民運動などによって創られたそれぞれの社会的ビジョンと重なり合う部分が多々あり、それらを今までに重ね合わせることができれば、すでに広範な社会的ネットワーク形成が可能であった。だが余計なお世話かも知れないが、残念ながらいまも立ち遅れているばかりか、横柄な権威を振りかざしているのがナショナルセンター本部や政党中央であると思われる。筆者は、争議運動とはこのような面において労働者の最高のエンターテインメントであると思うのである。その第一のエンターテイナーはもちろんそれを闘う労働者であるが、オルグもそれに関わる全ての人たちにも、それを演じることが求められている。社会的運動の成功は、「マゾ」的な運動ではなく、苦痛や差別や惨めでいやなことを、そのエンターテインメントの無数の創意の中に包み込む運動ができた時である。

7　工場占拠と二つの運動方向

解雇・倒産争議には、それを牽引した二つの共通的運動があった。

その第一は、東京総行動のところで述べたが、戦後の労働法制の成果を「テコ」とした「法人格否認」の法理の徹底化と、使用者概念拡大運動であった。解雇・倒産争議を、中小雇用主単体に対する闘いから、実質的な経営者＝背景資本・親会社・銀行・商社・通産省や政府などの外に向けた運動に転化したのは、この運動論によってである。第二は工場占拠・自主生産運動であった。第一点が運動の外部化であったのに対して、第二点は労働者の内部へ向かう運動で、例えれば、渦巻きの中心に向かう求心力の運動であった。

何度となく述べてきたが、ふだんどんなに慎ましくぜいたくもせず生きてきた労働者であっても、手弁当で闘うことはできない。最低限度家庭が社会的な生活水準を維持するためには、通常の六割から七割の生活資金は必要であり、それは、ちょうど雇用保険の給付額相当なのである。争議生活を構築するための、争議の基本の「き」は、糧を断たれた争議者の生活再組織化と、そのための団結形成であった。その運動の展開は、当然と言えば当然だが、既存の組合観からしては全く考えられない、キテレツな発想と意識を生み出すことになった。

総行動はアメリカのコーポレートキャンペーンと類似しているし、工場占拠による新たな思想においては、世界の労働運動の水準と比べて今日でも引けを取らないノウハウを作り出している。総行動と工場占拠・自主生産の思想は、二〇年前には異端であったが、筆者の周りでは、現在きわめてあたりまえのものとなってきた。その意識は、七〇年代の工場占拠闘争から、ごく自然に生み出され、実践されていったのである。特に工場占拠は、経営者が本来支払うべき賃金（労働債権）を、現金がないために、仕方なく「もの」で担保させる協定から始まって、工場の使用協定に拡大されていった。労働組合（労働者）は未払い賃金相当分の土地・建物・設備などを譲渡する協定を結んで、民法・商法上、また刑法上の対抗要件を、初めて合法的に手にいれることができた。この譲渡協定、もしくは工場使用協定が労働組合の「工場管理協定」と言われるものである。この協定を結ぶに際して、倒産しかかった社長は、金融機関には資産すべてを持っていかれてもおとなしく黙っているくせに、組合には抵抗を示し、しばしば昼夜を徹した交渉となるのが常であった。

譲渡・工場使用協定に基づく工場占拠を徹底して内部化していく発想が、自主生産運動への出発である。いなくなった経営者に代わって、労働組合は企業（事業所・工場）の一切合財と、将来の運営をも自主管理していくことになるのである。

8　倒産争議の道義

この間、体験した倒産争議を解説すれば、中小企業における工場占拠を可能にしたのは、前述したように、労働法が使用者に厳しく労働債務を負わせていただけではない。大企業の法人格主義があまり及ばない、オーナー経営（ワンマン経営）体質に起因して倒産争議が起きるもう一つの原因があったのである。その中小企業家体質には、強いものに対しては被害者的な側面が、弱いものに対しては加害者的側面がある。その端的な例を上げれば、金融機関と中小企業の関係である。中小企業の法人格はあってもないのと同じで、金融機関の場合、ほとんど例外なく社長個人の財産を担保に金を貸す。だから倒産になると個人の財産すべてを借金のかたに取られる。だが大企業の場合は、経営者の倒産責任は法人の範囲以上には及ばない。倒産が法に則って手続きされたものであれば、社長個人まで身ぐるみはがされることはないのである。中小企業の社長は悲しいかな、倒産という土壇場で、尻の毛まで抜かれるという恐怖から無費任になり、自殺や夜逃げをしてしまうのである。弱い従業員や一般債権者にはまさに青天の霹靂であり、たまったものではない。倒産の場合ほとんどが泣き寝入りとなる。組合が反倒産闘争に立ち上がった場合など、想像以上に関連業者から協力があり、また彼らの、倒産した経営者やメイン銀行に対する反発が強いのもうべなるかなである。

中小企業の倒産に際して、実質的な倒産責任追及の矛先を背景資本（親会社・銀行・商社・通産省や政府など）に向けた、倒産組合によるこの社会的責任の追及という正義の旗が、普段は赤旗が嫌いな一般債権者や関連業者などを巻き込み、運動への支持を拡大していった。また、銀行にペコペコしていた社長に代わり、その同じ銀行と対等に渡り合う組合の糾弾行動は、周りで見る者たちの溜飲をも下げた。その意義は限りなく大きかったのであった。

9　ポジティブな自主生産労働者

このような社会的行動は、従来の解雇撤回闘争、労働条件・労働時間・賃金をめぐる運動領域をはみ出し、労働者に自然に備わっている、現場での発想や知恵を呼び覚ましていった。

倒産前の仕事が労働組合のイニシアティブによって再開できると、労働者は以前に増して能動的に仕事に精を出すことを、この間の自主生産はいく例も証明した。いつも始業サイレンぎりぎりで飛び込んでいたぐうたら社員が、自分で門扉を開錠する立場になると無遅刻で出勤するようになり、すすんで点検修理に励むようになったりした。日本の労働者のこのような性格は、会社が音頭をとる「QC運動」と一見同様な性格のように見えるが、実際においては全く異質な価値に基づく性格である。「生産・仕事」を積極的に受け入れる日本の労働者の本性とも言えるこの〝勤勉さ〟の特徴は、会社のためにのみあるのではなく、運動（社会的意義）との関係の中でこそ意味と価値がある。この社会は寝ても起きても経営（生産）という言葉が氾濫しており、過労死による悲劇や過剰生産（浪費）による環境破壊も後を絶たないが、生産は「誰のための・誰による・誰の」というｆｏｒ、ｂｙ、ｏｆを明確にしたとき、「生産・仕事」だけを取り上げて論じることがいかに空疎で間違っていたかを、最近つくづく感じている。

この自主生産運動は、工場が止まっても、現場労働者が工場の機械に油をやったり器具の整理などの保守作業を普段にも増して行うなど、倒産して初めて芽生えた、職場に対する愛着と思い入れによって支えられていた。その中で組合のさまざまな営業努力やユーザーの協力によって、倒産時の仕掛かり品の仕上げや下請け部品の製造ができるようになり、最後に「自社製品」の「再」製造が始まる、という一連の流れが展開されていった。

その工場占拠、自主生産運動が再び以前の状態に達していくまでが、今までの反倒産運動の水準であった。すなわち自主再建までが自主生産運動の到達点であった。労働運動としてその水準は未踏の地であり、並大抵な努力ではなかったことも事実である。そしてその運動方式は、今後の争議団運動だけではなく、労働運動全般に量的にも拡大されなければならない。グローバリゼーション・大量失業時代における倒産争議への新たなアプローチは、「工場労働者」の一企業による自主再建運動を超えて、中小零細企業家を含めた地域空洞化に対する地域おこしという、新たな社会運動の可能性である。再建後の自主再建運動をどうするかについては、パラマウント製靴の自主再建運動に関わってきた経験だけで一般化することはできないが、ある方向性について想像することが可能であると考えている。

四　パラマウント製靴自主再建の苦悩

1　パラマウント製靴協働社の営業譲渡

一九九九年七月二六日、パラマウント製靴協働社（代表・石井光幸）から新会社パラマウントワーカーズコープ（代表・岸本紘男）への、営業譲渡に関する契約が成立した。筆者は九七年の秋からそのことにたずさわってきて、ホッとしたと同時に一抹の寂蓼が胸をよぎった。ホッとしたのは、今後のパラマウントの自主再建運動が継続され、新たな段階に入ったこと。寂蓼感は、これが東部労働運動と石井光幸さんとが共に歩んできた、二二年間に及ぶ倒産争議の最後の始末だったことによる。長い闘いの歳月が流れ、関わってきた者たちにも老いが忍び寄っていた。大きく移り変わっていく時代は、感情の部分においても一つの区切りをつけていくものかもしれない。

パラマウントの営業譲渡は、その主な理由に、倒産~自主再建当時のスタッフの高齢化があった。代表の石井さんが六三歳、手作り靴の責任者だった山上光友さんが七〇歳を越え、製造担当だった藤田利男さんが六〇歳に到達、皮の裁断などに職人芸を発揮した中野正也さんが六五歳を機に退職していった。それ以外で最初から倒産争議を闘い抜いてきた労働者は、落合義男さん、そしてパートで働いていた槙恵美子さんだけになってしまったのである。

九七年の秋口、石井さんから「パラマウントの今後をどうするか?」の相談を受けた。パラマウント製靴協働社を発足させてからちょうど一〇年目の年、争議解決時の組合資金もすでに底をつき、苦しい資金のやりくりを行ってきた石井代表は、「協働社」をたたむことも考えていたに違いなかった。「ここまでやって来たのだから石井さんの好きなようにしたら良い」というのが筆者の助言だった。

その後、パラマウント闘争の中心メンバーだった日本皮革労働組合（ニッピ）の元委員長浅見弘夫さんや元繊維労連書記長の渡辺輝男さんや出入り業者の三関雄資さんたちと相談が持たれた。結局、岸本紘男さんたちに営業譲渡したパラマウント製靴協働社は、土地建物の管理会社として残っていくことに相談がまとまり、筆者と平賀さんが仲介することとなったのである。

契約書の要約は以下の通りである。

靴を自主生産中のパラマウント組合員（写真提供・協同センター・労働情報）

2　営業権譲渡に関する協定書

株式会社パラマウント製靴協働社（代表取締役石井光幸・以下甲という）と株式会社パラマウントワーカーズコープ（代表取締役岸本紘男・以下乙という）は、一九九八年一〇月七日に確認・調印した約定に基づき、以下によりパラマウント製靴の営業権譲渡に関する契約書を取り交わす。

一、甲は、一九九八年一〇月三一日所有する事業の営業権を乙に譲渡する。

二、甲が乙に事業の営業権を譲渡するに伴い、パラマウント製靴労働組合およびパラマウント会の借入金債務を除き、その他の債務は乙が継承することに合意したことを甲ならびに乙は確認する。

三、（略）

四、（略）

五、甲は、乙に譲渡した営業権に関わる商品に対して今後パラマウントの名称を使用しないことを確認する。

六、乙は、一九九八年一〇月三一日現在在籍する甲の従業員のうち、本人が希望する場合は、総て引き続いて雇用していくこととする。

七、一九九八年一〇月三一日現在の甲の関係取引先に対して、甲の債権・債務は甲が乙に譲渡し、乙が継承したことを、甲乙連名により、書面で通知する。

八、甲はこの約定に基づき、株主総会を開催し営業権の譲渡に対する承認を求める手続きを速やかに行なう。

九、以上の各項目について、すでに実行されている事項を含めて確認する。

一九九九年七月二三日

3　一二年間の模索

一九八七年に、旧パラマント製靴がパラマウント製靴協働社として発足して以来一二年間、さまざまな模索を試みてきた。筆者はその間、パラマウント・ソリダリティ委員会を結成（八六年七月）して、側面から新たな自主再建企業を支援していく活動にたずさわってきた。協働社の詳細については何冊かの本が出版されている。パラマウント製靴労組の自分史を綴った『協働の未来に光りあれ』（パラマウント協働社編、シーアンドシー出版、一九九五年刊）、労働者経営の問題点を解明した自主生産シンポジウムと、その後の国労団結まつりや労働者のまつり運動の原点になった『あっしらの汗輝いてます』（パラマウント工場祭実行委員会編、労働者教育センター、一九八四年刊）、『労働者の対案戦略運動』（ワーカーズコレクティブ調整センター編、緑風出版、一九九五年刊）には、その当時の労働組合による倒産争議と自主的事業活動の気分や運動の息吹が伝わってくる貴重な報告が含まれている。また石井代表が労働運動の夢とロマンについて大いに語った『労働者の自立』（労働者の自立編集委員会編、耕文社、一九九六年刊）などがある。もともとの会社は、親会社スタンダード靴と旧大和銀行によって、計画的な人員整理のための見せしめとして倒産させられた。解雇の手続きさえなく、猫の仔でも捨てるように会社ごと捨てられた靴職人、労働者たちが、工場に立てこもって反倒産闘争を闘い、近隣住民の人情にも支えられながら自主生産を開始し、ついに企業再建をやってのけたのである。

さて、協働社が発足した一九八七年は、労戦統一の名の下に総評解散を二年後に控え、連合と反連合で、労働組合組織が大揺れに揺れていた時期であった。また国鉄の分割民営の攻撃を受けて、総評運動自体が二進《ニッチ》も三進《サッチ》も行かなくなっていた。東京においては、東京地評の解散や区労協の解散をめぐって、総評解散反対派が比較的強かったこともあり、組織的な攻防の幕が切って落とされる時期であった。東部地域運動でも亀裂が生じ、その亀裂は「最強」を自認していた東部オルグ団の団結を真っ二つに引き裂いたのである。

そのころ筆者は、東部地域担当オルグを外され、何ともやるせない日々をすごしていた。争議運動の立場からいえば、「労戦統一」という名の総評解散は、まぎれもない分裂再編であった。その波をもろに受けないように、争議団は意識的に争議を終わらせていくか、また身を屈めて大浪をやりすごそうとしていた時期であった。組織問題を経験した者にしか、そのイヤらしさはなかなか理解しがたいが、総評解散の反対と賛成をめぐって、剥き出しの憎悪の感情が組合を覆っていたと言っても過言ではなかった。そのような労働戦線（労戦）の分裂のまっただ中で、パラマウント協働社は出発したのであった。その労戦騒ぎの影響を受けなかったと言えば嘘になる。だがパラマウント協働社の第一の意義は、総評解散をめぐる組織分裂の中で、どちらでもなく別の高み、独立の位置を持続できた点である。パラマウント争議運動が獲得してきた運動の凄みは、連合・反連合＝低俗な敵・味方の政治的な連帯論を越えた「協同」の経験にあった。

「よい靴をつくること、それを売ること、そして闘うことだ」（中島道治さんの言葉）、この三つの運動動作のなかで、傾向の違うあらゆる労働組合や生協から受けた支援は、おそらく個別争

パラマウント自主生産綱領

一、私達は「労働者の連帯」を基礎にし、自主生産・自主販売の協同の事業を進めよう。
二、私達は自分の仲間のために働こう。
三、私達の協同事業は、働くものの自主性・責任に基づく職場規律を確立し、「労働者自治」を基本としよう。
四、私達は、品質の向上の開発につとめ、大衆にはきやすい要望に合う価格の靴製品を提供するよう努力しよう。
五、私達の「協同事業」を労働者解放の砦として、自らの生活、労働条件の改善につとめよう。
六、私達は闘う仲間の連帯を強化し、この運動をすすめよう。

議としては量的にも質的にもかつてない規模であったと考えられる。パラマウント闘争は、リーダーであった石井委員長の資質にもよるが、よい靴を作りそれを売って闘い続けることを、社会に向けてアピールすることで、かつての労働運動ではなかったような、人と人との協同を創り上げたのであった。工場占拠、自主生産、自主販売、そして東京総行動での使用者概念の拡大運動は、パラマウント闘争において、工場労働者としてはまれに見る、労働組合の政治的な連帯の枠を突き抜けて、社会的な協同に向かっていたのである。その協同の意思を端的に表現したのが、パラマウント自主生産綱領であった。

五　生産する労働組合の課題

1　微妙に違う「自主管理」と「自主生産」

「自主管理」と「自主生産」はその意味が微妙に違う。自主管理方式は、以前から労働者の手によって、比較的資金を必要としなかったタクシー業界や出版・印刷産業の中で行われていた。七〇年代中期から始まった「自主生産」は、反倒産・工場占拠の過程でできた、致し方ない緊急避難的要素であった。

戦後の占領政策に対する社会主義的要素を内包した生産管理闘争の敗北以後、「自主管理」の封印を解き、労働運動の課題に「自主生産」を乗せたのは、七七年のペトリカメラ反倒産闘争であった。筆者のエピソードの一つになるが、朝日新聞の堀江記者がある日、「何かおもしろい話題ない?」と訪ねてきた。ペトリカメラ（旧・栗林工業）では劣悪な労働条件の中で労働者の決起が何度も起こり、そのたびに経営者一族によって組合つぶしの弾圧が行われてきた。会社経営そっちのけで組合とやりあってきたため、電子技術の革新に遅れ、七七年に計画倒産した。全国金属ペトリカメラ支部は、数日にわたる団交で厳しく経営責任を追及し、工場使用協定を勝ち取り、若い元気な労働者たちが中心となって自主生産に取り組んでいた。その時筆者が、足立区梅島にあったペトリカメラの倒産闘争を、同時期に起こったフランスのリップ時計工場の自主管理闘争になぞらえて熱っぽく語った内容が、その日の夕刊にデカデカと「日本でも自主管理闘争始まる」との趣旨で載ってしまった。自ら播いた種ではあるが、それからが一騒動であった。争議団仲間ではごく当然のことして共通認識ができつつあった自主生産の概念だったのだが、ペトリカメラの属する「本隊」の労働組合組織では、その言葉ですらタブーで、いまだかつて論議されたこともなく、特に内部結束の堅い全国金属の組織に対して、一介のオルグが横から勝手に手を突っ込むようにとられかねない記事であったからである。その日の夜遅くに、平賀健一郎さんと筆者はとるものもとりあえず、東京三鷹にある中丈之助さん（当時の全国金属書記長）の自宅に押しかけ、大汗三斗「なにとぞ誤解なきよう」と、弁明にこれ終始した。彼が「この馬鹿者が」と、嬉しそうに言ったのが今も記憶に鮮明だ。

このエピソードを掲げたのは、その当時の労働組合の自主生産に対する思想の状況をよく表していた事件だったからである。

2　自主生産闘争の意義

すでに実態としての自主生産は、争議団や現場や地域の仲間内では何の抵抗もなく受けいれられていた。だが中央の単産機関などで、自主生産が大っぴらになってくると、「あれは戦後の生産管理闘争の再来だ」などという後ろ向きの議論が出てきて、争議が非常にやりにくい状況が生まれてきた。元々、争議やもめごとを嫌う幹部が大勢を占めている中で、「そんな争議は支援できない」などとヘソを曲げられ、支援の方針がご破算になりかねなかった。それゆえ、組合と会社の双方を説得するための言葉のマジックが必要でもあった。組合員の生活を支える一つの活動として、従来の「生産管理」を、実際の闘いの現場でいわれた「自主生産」という言葉で言い替えたのは、いわれなき中傷をかわす意味があった。したがって自主生産の闘いの位置づけは、昔ながらの争議生活を支えるための行商やアルバイトと同じような扱いで、さりげなく労働者の熱い思いを隠したのである。現場では倒産以前から浜田精機、渡辺製鋼、ペトリカメラなどが地域の拠点組合であり、もっとも権利意識が高く、職場の団結の強い組合であったこと、それと職場の生産の主力を組合員が押さえていたことが幸いして、自主生産が取り入れられていく主体的条件が整っていたのである。

そして、自主生産が単なる飯の食い方の一つ（戦術的）という偏見から、戦略的な運動に飛躍していくのは、連続的な倒産争議の勝利的解決によってであった。経営サイドから見ても、「自主生産」は、資本が投げ出した職場を労働者の団結でよみがえらせたことに大きな意義があった。別に資本家がいなくても、ある一定数、生産の中心になる労働者が職場に残れば、組合員のみでも生産ができることを天下に知らしめたのである。この当時は大型機械製造の工場でも、その技術を生かして自主生産をやってのけたのである。

またその運動では、稼いだ金をいったん組合にプールして、自己申告と討論によってそれぞれの賃金を決め、みんなが納得できるぎりぎりの生活給賃金制を確立していった。パラマウントでは、パートの賃金をできるだけ高くしたり、昼の給食制をとって平等感を強めていった。ペトリカメラは「はばたき保育園」を、地域の労働者の協力によって経営することで、共稼ぎの苦労を減じるなどの工夫を行ったのである。それらは労働者の生活と協同のあり方を普遍的に深めていき、工場というかつての生産現場を、労働者相互の友愛的な協同空間へと作り変えていったのである。その結果、自主生産を担った労働者たちが、以前の消極的だった自分自身が変わっていくことに気がつき、仲間たちの新しい変化を目にして、さらにそれに感動するという新鮮なインパクトが、さらにその思いと活動を強烈にしていった。後に多くの労働者が語ってくれたが、この時代の争議は、争議を最後までやりぬいた労働者でしか味わえない、人生のうちで最も輝いていた時を過ごしたのであった。

だが他方において、個々の現場だけではどうしても解決されない問題も多く残した。経営としての財務管理や資金繰り、また他企業との技術の開発競争など、すなわち根本的に資本主義的な生産に対抗していく自主生産経営の総合化したノウハウの問題が解決できなかった。おそらくその問題は新たな人間経済としての社会運動として、戦略的な視点から再構築する必要があるであろう。

3 自主再建の新たなコンセプト

パラマウント自主生産綱領は、新たな自主再建の道筋を内包していた。さらに狭い意味での自主再建のコンセプトを越えて、従来の組合コンセプトとは異質な概念を提起するものであった。従来のコンセプトとの大きな違いは、労働者が経営をしていく積極的な運動の意義を確立したことにあった。またその労働者経営を組合が行い、社会的によい靴づくり運動（有用的生産）を拡大していく実践的運動の提起でもあった。

だが、自主再建闘争の多くは、この間の全国金属や全国一般においても、従来の政治闘争と経済闘争のコンセプトの範囲を出るものではなかった。とくに日本の組合に強い影響力を持った政治闘争主義は、自主生産・自主管理はやむを得ない緊急避難にすぎないという自主生産論を、自ら超えることができなかった。後々まで、日本の伝統的な左派は、「戦術論としての自主管理」の位置づけを出ることはなかった。運動の最良の到達点も倒産企業の自主再建までであった。またあたりまえの企業として再建されればまだしも、産別やさまざまな事情によって争議団が会社そのものになったような、企業としての見通しの甘さを持ったまま不十分な形で自主再建され、市場経済の中に投げ込まれていった。これらの再建企業は、いつの間にか消えていかざるを得なかったのである。そのような自主再建で踏ん張った企業の社長などは、以前から独自の経営団体（中小企業家同友会・五七年結成、全国協議会・六九年結成）をつくっていた。その目的は、①経営体質をより強靱に、②現代にふさわしい魅力ある経営者に、③中小企業をめぐる環境をよりよくであり、その集まりにおいても、争議から生まれ出た自主生産企業への協力は、きわめて政治的な相互の交流と励ましの域を出ていなかった。

また組合運動の関係で再建企業（組合）とのつながりにおいても、それは、労働運動からは、かなりはずれたところにあった。労働運動と切り離したところに再建企業をそっと放置してしまい、強いて言えば組合幹部と再建企業家のつながりは、かつての戦友としてだけ残ったのである。

だが、パラマウントの自主生産運動は、七八年以降、渡辺製鋼、浜田精機、墨田機械、ペトリカメラなど「花形」倒産争議の最後尾に位置していたこともあって、その一群から抜け出すことができたのである。遅れてきたパラマウント争議は、これらの花形争議の苦闘とさまざまな失敗を生かす、歴史的経過を持つことが可能だった。さらに、闘争を担うリーダーたちの柔軟さや、生産が生活必需品である靴であったことも幸いして、パラマウント「自主生産」は、従来とは比較にならない量的・質的な運動を社会に向けて展開することをやってのけた。その運動の圧巻は、八三年に闘争六周年を迎えて組織した、パラマウント「働く仲間の工場祭」であった。この工場祭は、「あっしらの汗、輝いてます」というキャッチフレーズのもとに、工場労働者の魂を揺さぶり、三波春夫の歌ではないが、文字通り隣近所の住民たち「皆の衆」を結集させ、自主生産と自主再建をゆるぎないものにしていったのである。

パラマウント自主生産綱領は、この時代の運動のトータルな意思の象徴であった。従来の「自主再建」を越えて、社会的な協同を求めた運動へのコンセプトが、初めて提起されたのである。

バラマウント製靴協働社は、いみじくも石井代表が「争議が解決しても闘争は終わりません。私たちの自主管理はもっときびしいたたかいに出発することになるでしょう。そういう道を選択したのですから。その意味でも自主管理を成功させるために、あらゆる行動や、運動をすすめながらやっていきたいと思います」（シンポジウム「あっしらの汗、輝いてます」での発言）と予見していた通り、海図のないなかで新たな航路を求めた出航となっていった。

4　皆の衆がつくる「連帯市場」

パラマウント自主生産・自主販売運動はそれにかなり強烈な思いを寄せた三つのグループに支えられていた。

第一は、皮革や飾りなど靴製品の材料を提供する、一〇余の業者や仕事をやりとりする同業者のグループ。親会社スタンダードのあまりにもあこぎなパラマウント倒産のやり方に対して「義憤」を持った人々。このまさかの倒産劇によって、パラマウント労組の機転がなかったら、自らも連鎖倒産しかねなかった中小零細の社長や個人商店主たちであった。靴の飾り部品などを取引してきた三関さんは資金繰りの相談などに乗ってくれ、彼もまたパラマウントに熱い思いを寄せていた一人であった。

第二は、靴の販売を自らかって出た、一〇〇近くの生活協同組合の人々のグループ。

第三は、ナショナルセンターの枠にとらわれない二、〇〇〇を越えるさまざまな労働組合グループ。

大別すると、靴の直接販売活動を職場で担ってくれた広範囲の単組と、地域の労働組合、闘争支援の中心を担った全靴労連と全皮労連、販売活動に協力した争議団などであった。そして地元、足立区関屋町の自治会と工場協力会などもあった。ちなみにパラマウント労組は関屋町自治会に直接加盟していた。その中でも日本皮革労組（ニッピ）は、通常の商取引では入手できない高品質な皮革を、ニッピ組合が会社から買うという形態をとって、パラマウントに安定供給したのである。

以上のような説明でわかるように、パラマウント自主生産・販売は、通常の商取引を超えた、すなわち市場原理を、「皆の衆」の連帯の力によって遠ざけた運動でもあった。だからといって、自主生産・自主販売運動は単なるカンパニア運動としてあったのではなく、労働組合の「連帯市場」を自然発生的にその運動を通して形成したのであった。のちにパラマウント製靴のブランド名は「ソリダリティ＝連帯」と命名されたのである。

筆者は経済・市場論に疎い方だが、市場には「自由市場」、「パブリック＝公共市場」、無償の

「家族・仲間内市場」などが上げられるが、その中にパブリックな萌芽を含んだ「連帯市場」を加えてもいいのではないかと考える。そしてこの「連帯市場」は、今後の運動の重要なコンセプトであると考えられる。

5 産みの苦しみとしてのワーカーズコレクティブ

闘いを自ら切り開いたものにしか見えない関係がある。労働運動にとって、自ら闘いを切り開いた自主生産とワーカーズコレクティブ（略称ワーコレ＝労働者生産協同組合）の違いも、この関係としてある。髪の毛一本ほどの違いではあれ、この違いこそ、あの世とこの世を隔てる「三途の川」なのかもしれない。

三途の川とは現にある浮世と空想の世界に横たわる境界線のことである。この境界線は観念のいたずらで、見えたり消えたりする。いつの時代においても、空想とは単なる観念ではなく、その時代の浮世が創造し積み重ねた観念世界の一つでもある。そして、この自主生産とワーコレの関係を鋭く指摘して、最も苦しんで労働運動からはぐれていったのは、東芝アンペックス労働組合のリーダーであった都築建書記長であった。

重要な点なので少し長くなるが彼の指摘を引用する。

「自主生産」を冠するところは日本広しといえども少ない。パラマウントを除いて日本の自主生産を語ることはできない。「自主生産」とワーカーズコープは同一ではない。「自主生産」という響きは他のそれよりも重々しく複雑でややっこしい。………

労働運動の闘争形態でありながらそれにとどまらない。………

ペトリカメラ・浜田精機・田中機械・大坂工作所・杉本伸線・アイデン・日本荷役・日本フィル……など。なんと未整理のまま社会の商取引の中に放り込まれていることだろう。兄弟「自主生産」としての東芝アンペックス闘争を率いてガンバッたが、石井代表の苦労も現場の人の思いの渦もよくわかる。

「自主生産」には、人々の思いがへばりついている。パラマウントを通過し、去って行った人たちの思いぬきでパラマウントは語れない。持続させることが総ての回答を与えてくれる。パラマウントがワーカーズコープとして内容を充実させるとしても、一度「自主生産」をきれいに整理しておくのがよい。………

ワーコレ調整センター主催の「私たちの靴づくり」研究会の時のことだった。東芝アンペックスの面々の技術を駆使した放射能探知機の開発報告では、今一つ質問も出ず「ホーッ」と言うため息がかえってきただけだったが、「靴づくり」報告では全員で熱い討論になった。

生活必需品であり、現代が求めている「ひとにやさしい」「本物の仕事」をし、さらに環境問題が最優先課題になった今日では、製品としても、健康の面からも、靴産業は構造不況ではなく、ハイテク産業そのものであると言える。

ワーカーズコープとしての製品をどうつくるか、製造・販売・企画など、求められることは多い。（「自主生産と靴こそ最先端産業」『協働の未来に光りあれ』シーアンドシー出版から）

以上のように、七〇年—八〇年代の反倒産・争議運動は、自主生産・販売という抜け道を通って、労働者企業へと踏み込んでいったのである。

第四章　運動再構築の要素

〔派遣の人〕会社がチラシのまき方を教えるわけではない。いきなり人の流れの中にたち、だれもが出来れば避けたい紙片の受け取り具合に仕事の持続・生活がかかっている。（撮影・金瀬胖）

一　リストラの時代

1　「リストラ」による雇用の激変

リストラ＝リストラクチャリングの略語であるが、本来はハマーとチャンピによって提唱された企業の再構築のことだった。不採算部門を切り捨て、そこに投じられていた人・物・金を新たな成長分野に振りむけることを意味したのだが、いつの間にか人の切り捨てのみを指す言葉になってしまった。

日本においても既に製造業の数が全就労者の過半数を割ってから久しく、この減少傾向は止まらない。情報・サービス業、そして都市雑業の就業者が、数において主流を占めてきた。この都市「産業」に従事する労働者の生活と精神は、新たな労働問題の大パノラマなのだ。そして企業に労働組合があってもそれと全く無縁な労働者が、圧倒的な多数派を占めてきている。また新自由主義の波が押し寄せ、失業率の高位更新のなかで、労働規制緩和の名の下に都市労働者の働き方も生活も、大きくきしんでいくことになった。そのリストラによる第一段階は、一九九二年における日本の一流企業のホワイトカラー・管理職の解雇で始まった。第二段階は、戦後社会の転換を象徴した、

労働力調査
（1996年）

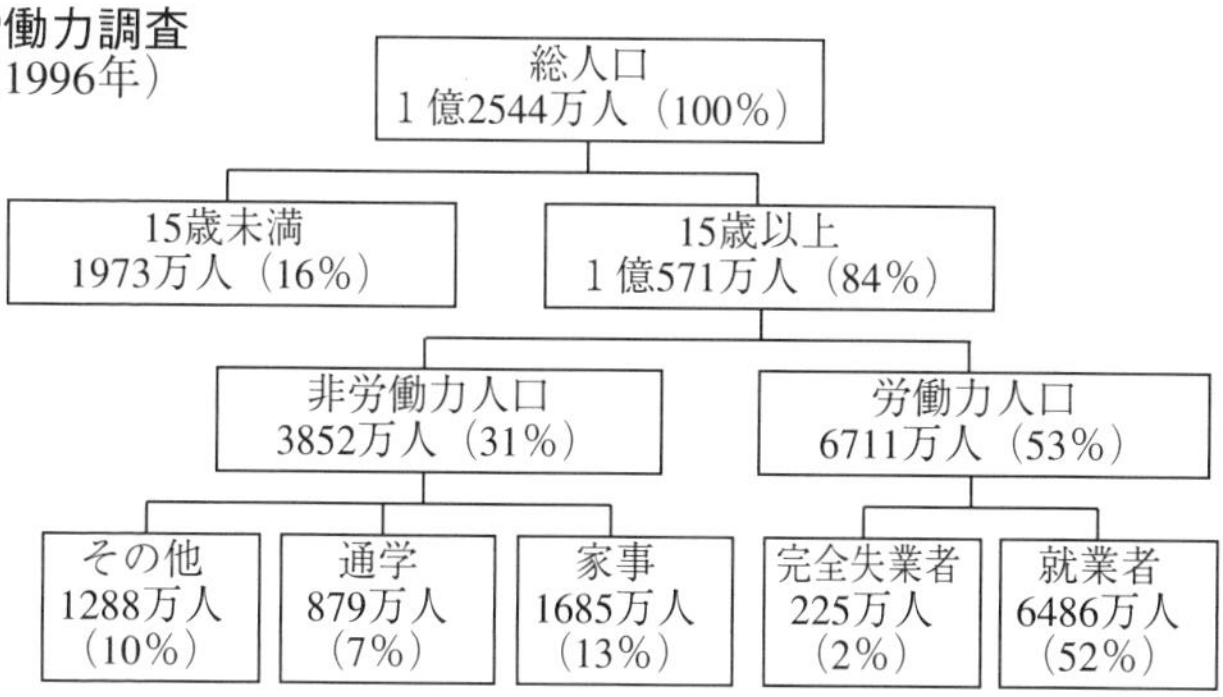

出典　総務庁統計局『労働力調査年報』1996年から野村正實東北大教授作成

日経連の「新時代の日本的経営：九五年」労働問題研究委員会（労問研）レポートによって、全社会的な軋轢へと拡大していった。九八年の労基法の改悪から、第三段階、労働法制の全面的改悪へと進んだのである。

東條由紀彦明治大学教授は、その歴史的な転換を「戦後福祉国家の最終的離脱」と結論し、まとめているので要約する。福祉国家は①完全雇用制の原則、②産業民主主義＝産業における労・資自治の原則、③累進課税制の原則――の三原則で成り立っていた。

今起きているのは「新時代の日本的経営」レポートで全く言及しなかった、戦後国家の三つの原則の放棄である。中でも完全雇用制は福祉国家の前提でもあるが、日本的経営は九二年以後、事実上完全雇用制の理念をおろし、企業リストラを徹底して行ってきた。

そのリストラ「解雇」によって、従来の雇用労働者の比率「正規7：専門1：非正規2」が、「正規5：専門2：非正規3」に変わろうとしている。深まる大不況の中、さらに正規労働者が絞り込まれ、完全失業者の増大が見込まれ、正規労働者の割合はもっと小さくなるかもしれない（正規＝長期能力蓄積型、専門＝専門能力活用型、非正規＝雇用柔軟型：日経連の分類）。

九六年の労働省調査で、日本の総人口は一億二、五四四万人（一〇〇％）、労働力人口は六、七一一万人（五三％）、非労働力人口は三、八五二万（三一％）であり、就業者は六、四八六万人（人口の五二％）、完全失業者二二五万人（人口の二％）であった（図参照）。この数字から正規労働者の変化を計算してみると、約一、〇〇〇万人が正規雇用から追い出される勘定になる。そして大不況における特徴的なことは、非労働力人口と失業者の割合が徐々に高くなってきていることである。非労働力の中には、「求職意欲喪失者」と定義される就職をしたくても何らかの理由で就職活動ができないパート労働者や若年学卒者が含まれ、統計に現れない完全失業者がじわじわと増えている。

2　受難の団塊世代

従来、国際競争力において優勢にあった日本独特の寡占化体制は、バブル崩壊を契機に弱点を露わにした。総合的なグループ独占体制のもとに一人勝ちしてきた日本企業は、その地域寡占体制の閉鎖性がネックとなって、先端産業で欧米に水をあけられ、製造業においても中国や東欧圏の安くて豊富な労働力によって追いつかれ、日本的な企業危機が深刻化したのである。

そのしわ寄せは、本社機能における非生産部門や非営業部門である管理部門に、まず集中した。一九九二年以降は中高年サラリーマンにとって、リストラ地獄の到来であった。中高年管理職は、あらゆる意味から切り捨ての対象となったのである。その第一の理由は、パソコンなど情報機器の普及によって管理的スキルが陳腐化し非効率的になってしまったこと。第二は、上層部と下層部の両方から、これらの労働者を日本の労働組合は積極的に排除し、消極的には放置してきたこと。彼らサラリーマンは組合員であったとしても、組合の主軸からは外れていたこと。組合帰属意識は組合内外どちらから見ても希薄だったこと。そして第三は、中高年管理職の世代には社会的な味方がいなかったこと。経営者からも組合からも見放されていると同時に、自分たち同士でも孤立してきたことである。

この世代は、一九四七～四九年ベビーブームの中で生まれ、他の世代よりも人数が飛び抜けて多く、団塊の世代と言われた。日本の高度経済成長の申し子で、また学生運動最後の全共闘運動の洗礼を受けてきた。学園紛争などの原体験から、会社の管理体制や既存の政党・労働組合に対して心底から馴染むことができなかった。また深層心理において、両者に存する拒絶の意識が刷り込まれていたとしても不思議ではない。さらに生活上の価値観も、六〇年安保世代の「企業戦士」や、または「社会運動家」などの組織本位主義の生き方とは違っていた。団塊の世代は「豊かな生活」の実現が個人レベルの努力で可能な経営環境の下に置かれ、滅私奉公型の労働観から脱却して、学歴を前提とする従業員間の競争によって、その個人生活の向上という労働観を形成したと考えられる。以上のようにこの世代は、生活理念と会社理念の分裂の中で意識が揺れ動かざるを得ず、数の多さからしても、ポストは常に足りず、取り替え・取り消しが容易であった。

かくして一九九二年、パイオニアなど一流企業の管理職リストラが社会的に明るみになり、リストラの猛威がマスコミに取り上げられるところとなった。

3 早期退職優遇制度

製造業で七〇年代、ブルーカラーに試された早期退職優遇制度が、ホワイトカラーにも拡大したのが八〇年代後期であった。この制度が製造業の現場に導入された時は、労使間の特別重要な団体交渉案件であった。経営の圧倒的優位下にあってこの制度が導入されたものだが、少なくとも労・使という集団間の取り決めで、ことが進められた。そして退職後はグループ内で再就職も可能であった。大企業においては大方この優遇制度があったが、ないところでも希望退職募集を行うときなどは、企業側は退職金の上乗せなどの制度を採っていた。この希望退職募集に際して、上司の肩たたきや脅しすかしがあり、それに対して恨みや怒りのトラブルが多少はあり、時として一人解雇争議も発生したが、労働問題としては、大体は「希望退職」として収束していった。ちなみにこの制度が導入されて以降、七〇年代後期から製造業現場において日本の終身雇用制を全うした労働者は、第一組合の少数派を除いて皆無に近くなっているのが実情なのである。

だが九二年から露わになったリストラは、早期優遇退職制度や希望退職ではくくれない問題の所在と性格を秘めていた。そこから明らかになったものは、日本において近代を貫いて長い間あった終身雇用幻想が、大企業雇用労働者でも崩壊しはじめたことである。

4　企業クライシス

パイオニアを皮切りに始まったリストラは、大企業労使がどのような意味を装おうと、リストラ＝解雇ということである。そしてこのリストラは、かつての労・使問の早期退職優遇制度の枠で合意できる性格のものではなく、日本的経営の枠を越えた、「資本」の無人格的な強制の意志である。もちろん、モノである資本が直接意志を持っているわけではない。会社においては、資本の意志を代行して経営を担うのが代表取締役である。日本ではこの代表取締役は同時に社長であり、株主と会社経営は一体のものであった。だが今回のリストラは従来の問題性格とはまったく異なり、経営を代表する者の意思によって労資関係がコントロールできない経営のクライシス（危機）であった。

会社はどんな会社であろうと本来は単なるモノである。会社の法人化は、歴史上イギリスにおいて始まり、組合の法人化の対応として会社の法人格が作られたようである。このモノである会社が人格を持ったのは、労資関係の法人格の成立によってであった。逆説的にいえば労資関係がなくなれば、会社は単なるモノでしかないのである。

この点から見れば、従来はどんな数少ない解雇問題においても、小規模な労資関係の喪失を内包していった。だが今回のリストラは成長期と比べものにならない大規模な労資関係の崩壊であった。

従来日本の会社は、奥村宏中央大学元教授が指摘する通り、資本と経営が一体化した「法人資本主義」という特徴を持っていた。それが経営危機下のリストラによって、労働者を切り捨てれば切り捨てるほど、日本の会社と経営（生産：共同体）がますます乖離していったのである。会社と経営の矛盾、労資関係を維持することと経営が同時に成り立たなくなった、経営危機の時代の到来である。

二　オルタナティブな運動へ

1　「法人資本主義」の崩壊

日本における資本と経営の乖離は、戦後社会をリードした会社本位主義の崩壊の始まりであった。そしてこの事態は、二つに収斂される問題を投げかけている。

一つは倒産争議のところで述べるが、経営体の不良債権化である。そしてこの問題はさらにモノ作りの腐朽化となって現れ、経営（生産）の減退となって作用する。

もう一つの問題は、世界的な規模で進む企業合併や買収が、アメリカでは常識であった資本家と経営者の分離を、日本株式会社にも突きつけたのである。その対応策として、独占禁止法の改悪が進められ、持ち株会社が解禁され、従来の資本グループ支配に代わるグループ再編と、世界的な規模での資本連合が目論まれている。いわゆる勝ち組と負け組企業の整理淘汰である。その結果、企業危機だけではなく、従来型国民的な社会システムの崩壊が、いたるところで進行している。戦後社会を支えてきた年金制度、医療・健康保険、社会保障制度、教育制度、地方・公共企業体、また社会の再分配構造、そして家庭など、大衆のよりどころであった社会防壁＝公共的な価値、〃社会セイフティネット〃の崩壊である。かつてレーニンは、革命的情勢の特徴を「今まで通りの支配ができなくなったこと」「中間階層の離反」「大衆のより一層の窮乏化」の三つと指摘しているが、今の状況はマジにそれに匹敵するような状況であろう。

2　労働をモノ扱いする無理

会社はお金（元手）さえあれば、有限会社であれ株式会社であれ、誰もが簡単に設立できる。現に筆者は、争議団の事業活動を社会的にやりやすくするための会社設立を手助けしてきた。倒産争議において、組合の再建委員会から新たな会社への衣替えは、自主再建の常套手段である。ペーパーカンパニーと呼ばれる休眠会社が、この日本ではいかに多いことか。その点からすれば、会社とは法律上における法人格を証明した紙切れという一面がある。出資者が事業を展開するために、自分たち以外の他人を雇い、経営（生産）を行わせることによって、モノである会社が「協同体」に大化けする。会社が儲けるために、自分たち以外の他人をお金で雇い、時間で働かせ、その時間内に働く者を隷属させる。それが労働者が時間奴隷と言われる所以であった。どう言おうが、資本制は労働力をモノ扱いして、一日何時間を単位として時間で使うことであった。

だが、先進諸国において情報産業やサービス業などにおける頭脳的労働が、従来の肉体的労働にとってかわり、主役になってきているのも実情である。従来通りその頭脳的労働力を時間で測り使うのに、無理が生じてきている。基本的に、労働自体を物質的労働と精神的労働に分割することにフィクションがあるからである。精神的労働といえども脳細胞という物質に媒介され、物質的労働であっても頭脳的指示を受けない労働はまったくないのである。だが頭脳的労働の出現によって、従来の工場における労働基準の尺度でその労働を測ることが難しくなってきている。頭脳的労働には個人差がとてつもなくありすぎるし、芸術的またスポーツ的な能力と似かよった側面を持っているからである。ある者にとってそれはこのうえなく高価なものであるが、別な者にとっては全く無価値なものであったりする。

本来、人間的自然という特質を持った労働をモノ（商品）扱いする制度には、基本的な矛盾がある。自己の自由な意思と振る舞いによって行われる「裁量労働」は、人間的自然という特質を持った本来的な労働という一側面を意味している。だが、「裁量労働制」となると質の悪いペテンでしかない。短時間では裁量労働だが、長い時間のスタンスで測れば隷属的な労働なのである。資本制とは、人間諸力としての労働力を売買してモノ扱いすること。短時間であろうと長時間であろうと、時間に隷属した労働者の立場であることに変わりない。基本的な無理がある制度なのである。

3　ここから始まる「NO!」

この制度は一方、会社が資本家の持ち物であり、他人を雇い他人を働かせ儲ける装置以外の何ものでもないことに要約される。この関係が壊れると一片の紙切れとなってしまう。現に山一証券の倒産では、資本の倒産する自由＝自主廃業によって、雇い、働かせていた〝他人〟を全員解雇し、会社が現に紙切れ一枚の価値すらもないことがばれてしまった。このことは企業危機が深まり労資関係のフィクションが暴かれて、その縛りが弱まった証拠でもあった。このように、資本の単なるモノとしての側面が露わになり、モノとしての労働力の矛盾が、歴史的・世界的規模で起こってきているのが新自由主義の時代である。従来において縁辺にあったクライシスが経営中枢に転移してきたのである。リストラは経営者の人格や、経営の赤字・黒字に関わりなく、企業クライシスを意識した強制で、解雇を実行しなければならないのである。それは惹意性に基づく非人間的と呼ばれるようなリストラ解雇ではなく、人間の意思が介入する余地の少ない無人格的な解雇であった。にもかかわらず、労・資がフィクションとしての人間（人格）的な装いで個別的に対応した点が全くのペテンであった。どの社員が劣っているか、だれが会社に忠誠心がないかなどは方便にすぎない。それをペテンによる人格干渉で、勝ち組社員と負け組社員の一線を引くことで、社会的労・資関係の腐敗をより劇的に進行させたのである。だから資本制のクライシスに対して、労働の方も没個人的な対置しかないのである。昔流に言えば「解雇絶対反対」、今流では「解雇NO!」ということである。この「没個人的」意思の対置によって、労働者は初めて主体的自由意思を持つ前提に立つことができる。労働者は、労働力をモノ扱いさせない意識性の獲得と、人間的な振る舞いが資本制に対して可能となる。どんなにみすぼらしく孤立していようと。そして、労働者の「絶対反対！」や「NO！」が個人の表現であっても集団行動を意味し、それはリストラの時代に作られた共通意識、現代的な労働者意識の発現なのである。「労働組合」ではない、「ユニオン」なのである。

4　拡大する個別労使紛争

この時代、既存の労資関係からはずれた、かつての集団的な労資関係下に置かれた労働争議ではない個別労使紛争が膨大に増え続けてきている。従来の約一〇倍の年間二万五、〇〇〇件を超える裁判所の民事事件として労働問題が争われている。ここにおいて、本来は団体間で争われる労働問題が、あたかも市民的な利害を争う〝個としての紛争〟に分解され、基本的な労働問題が労働運動（争議）になっていかない状況が繰り広げられている。

労働組合としてその個別問題に切り込んでいるのは、ユニオンタイプの労働組合である。その典型の一つが、非正規労働者の労働問題を扱っている地域コミニティユニオンであり、もう一つは、従来では非組合員であった「管理職」の労働問題を扱っている、いわゆる管理職ユニオンである。これらの共通点は、個別労働問題を活動の要としていることであり、労働者の個別利害を労働組合課題に翻訳して、社会的な労資関係に変換することにある。具体的には、企業のリストラによって日常茶飯事に起きている「任意退職」「退職勧奨」「配転・出向」「賃金切り下げ」などが、ユニオンの相談活動を通して、「不当な」解雇などの労働問題に変換される。そしてこの変換にこそ新たな運動の意味がある。

経営者が企業内労資関係の中で始末をつけたかったことが、それらの主体的な労働者の反抗にあって、新たな社会的な集団的労資関係に引き寄せられる。経営者が労組法上の団体交渉を拒否すれば不当労働行為を問われ、また解雇撤回を拒否すれば、立派な労働争議として、労働委員会などの場で争われる争議になっていく。この種の労使紛争は増え続け、拡大傾向に入っている。

5　管理職ユニオン誕生の意義

だがこの第一幕のリストラに対して日本の大企業の労・資は、以上述べてきた事態を無視し、従来慣行の延長で処理してきた。リストラによっておこる、集団間の二者闘争的な問題を放棄し、個人レベルのフィクションと責任にすり替えたのである。その結果、あたかも労働者の人格や労働能力に問題があるかのように転化されていった。会社内の組合は、現在進行中の「リストラ解雇」と全く乖離した会社の詐欺行為に同調して、組合員に対するペテンと、形骸化した組織だけが残されたのであった。

かくして「退職勧奨」「出向・配転」「降格」「仕事取り上げ」などの名目での、解雇、首切りという事実は一つだが言葉の違いだけの沢山の解雇が氾濫していった。このリストラ解雇問題は、企業内の集団的労資関係を素通りして、裁判所、テレビや新聞・週刊誌をにぎわすことになっていったのである。

この一連の回路を組織化したのが東京管理職ユニオンであった。一九九三年一二月二二日、東京管理職ユニオンは組合員一六名で産声を上げた。結成大会では、過熱ぎみのマスコミ関係者の数の方が組合員より多かった。これは、リストラによる中高年管理職の解雇が社会問題化していたことを証明したものであった。東京管理職ユニオンの活動は、社会問題化した「リストラ」を労働問題へ変換することであった。

「退職届けよさようなら。解雇通知よこんにちは！」のスローガンが如実に語ってくれる、この逆説は、集団的労資関係の頽廃を突き抜けていく前提であった。会社（資本）の意志と自分の意志の区別、会社の意思に対して明確な自分の意思の自立、会社人間にとって、「モノと自分との区別、会社に対する決別と人間的な自立」を短い言葉で要求したのである。これは立場を一八〇度変えるカルチャーショックが含まれていた。

また本人たちにとっては、会社幻想に相対するカルチャートレーニングでもあった。組合を結成したり自主的に組合に加入する場合に誰もが経験する、立場を明確にするためのドキドキするような覚悟と精神的な闘いと全く変わらない。そして社員が自発的退職を拒否すれば、会社側による「正当」な解雇理由がほとんどなくなる。また新たな労資関係が、管理職ユニオンとの間で発生する。日本の「よくできた労組法」上の集団労資関係の適用下に置かれるのである。

日本の大企業の組合は、この労組法以下の集団に収縮してしまっている。辛口評論家の佐高信さんが「（大企業労組は）日経連に加盟し直せ」と言うように、会社（資本）の代弁者になり下がっている。管理職ユニオンは「ニューユニオン運動」と自らを呼ぶように、会社人間（上層未組織労働者）を組織化できたのである。従来の組合観、職制とやり合ってきた現場労働者から見れば、「管理職」組合の存在はナンセンスに映ったのかもしれない。

だが運動は、第二段階に入り、中高年労働者全般に拡大してきた。彼らの「文化革命」を契機にして、雇用破壊の時代に、理にかなった運動へと発展してきている。おそらく「左翼」労働運動を自認する人たちと、古い経営者にとっては、管理職ユニオンはまったく相容れない「文化」なのであろう。「左翼」は、従来の労働者本体論と全く異なった文化の臭いをかいで拒絶反応をおこしたという意味で。また経営者は、かつてのよき時代の共存ノスタルジアを奪われるという意味で。

東京管理職ユニオンはこの九年間で、組合員を八〇〇名近くまで増やしている。そして何よりも、ユニオンの社会問題に対するシャープな対応は、この組合誕生の基礎である会社本位主義の崩壊に、労働運動側からビビッドに対応した運動回路にあった。管理職ユニオンは、労働争議の形態の一つであり、さまざまな運動と合流しあって新たな労働組合運動の創出が可能であると考える。

6　派遣労働問題の掘り下げ

その状況と相まって派遣法成立後一三年間に、違法な擬似下請け、擬似派遣などを含めた雇用形

派遣自由化NO!（撮影・浅井真由美）

態の多様化が著しく進んだ。その雇用形態の多様化に伴って、従来は、経営の労働者を雇用する責任と使用する責任が一体だったものが、その分離をもたらしたのである。

八六万人（登録型も含む　政府統計九八年）の派遣労働者はその典型である。これらの労働者たちは人材派遣会社に雇用され、派遣先の会社で使用されるという二重関係に置かれている。バブル崩壊以後、失業の圧力が加わり、労働力の買い手優勢市場にある下で、派遣先企業は、派遣元企業に対して圧倒的な優位におかれているのは論を待たない。さらに派遣労働者は、派遣先での労組法の権利がなおざなりにされている職場において、労働能力以外の権利は無に等しいのである。いや労働能力すらも、内向きの日本的企業社会においては、派遣先や派遣元においても、人格干渉によって不当な扱いを受けやすくなっている。派遣先では派遣労働者を服装などで区別し、急病になっても派遣労働者を休憩所のベッドで休ませなかったり、正社員用の化粧室使用を禁じるなど「よそ者」に対する差別が後を絶たないのである。

派遣会社では、そのような企業社会の差別性に見合って、あってはならない過剰な「サービス」が問題となった。女性派遣労働者に対する容姿のランク付けや、年齢制限や性格の良し悪しなど、人権とプライバシー侵害が告発されるようになったのは、ごく最近になってからである。これらの一連の事件については、本来労働力のみを価格としなければならない派遣業務をめぐって、このような人格差別の悪しき伝統が明るみになるにつけ、身の毛もよだつ思いがするのである。管理者たちの人権感覚のなさは言うに及ばず、日本の一流企業の中にある労働組合のリーダーたちの人権感覚をも問題にされなければならないと考える。今様の若い働き手たち、特に女性たちは、企業社会の陰惨なジトジトした関係がいやなのであり、できれば会社の義理や人情を離れて、仕事のみの関係だけでありたいと考えているのではないだろうか？　派遣会社を選択するのは、多少処遇に問題があったとしても、企業社会に比較的とらわれないさまざまな理由も存在するのであろう。むろん正規雇用の条件のもとでそうありたいという願いが最大であろうが。

7　労働力しか売らない

このような雇用関係の中で、派遣労働者の労働争議（問題）は、主体的にも客観的にも将来にわたって労働運動の基本的性格を持っている。主体的には、マジで労働力しか売らない労資関係をどう構築するかである。そしてこの「労働力しか売らない」という合理的かつ逆説的な考え方には、もともと胡散臭い派遣会社を否定していく萌芽があると考える。派遣労働者たちの仕事経験の積み重ねによって、労働者の労働能力の発揮を阻害するさまざまな要因、例えば、「うだうだ」と必要のないことをしゃべりまくる無能な上司、ブランドで身を固め、派遣先の言うことには何でもイエスのマネージャーなどは全く無用だという結論が、既に見えているのではないだろうか？　派遣労働者のその考え方と経験の蓄積は当然の帰結として、労働能力を協同で自主管理する派遣労働者のユニオン運動を誕生させることになるだろう。また一般型・職場型組合や争議組合が、このような派遣労働者の問題を掘り下げ、「非正規」労働者を包み込み、またダンゴになった闘いとすることである。

最もあくどい派遣会社に対する闘いは、これら労働組合の総がかりの運動として、社会的闘いに転化していく必要がある。かつて女性を色街に売買するヤクザな商売があったが、そのような派遣会社はどんなにカタカナ言葉で飾り立てても現代版口入屋《くちいれ》であり、社会的に存在を許さないという世論で包囲せねばならない。

社会的なもう一つの運動は、派遣労働市場にユニオンが影響力を持つことである。既にこの点は、労供労組協（労働者供給事業関連労働組合協議会）の地道な活動によって仕込まれてきており、派遣労働市場の一角を労働組合による協同のパワーで規制し、総ぐるみの社会運動によって、派遣先・派遣元に対する社会的交渉力を強めていくことを目指している。二六職種に限定されていた派遣業の原則自由化に対する闘いは、既存労働運動の徹底した総括の上に立って、派遣労働者のみならず、大量失業時代の、女性労働者をはじめとした非正規労働者の、同一価値労働・均等待遇を求めた生活と権利を確立する運動としてある。

以上のように、企業労資関係を越えて社会的な基盤を作る運動として対置していく労働者総ぐるみのユニオン運動の基軸がもとめられている。

第五章　エピローグ　新たな時代を繋ぐ

国労全国大会への機動隊導入に抗議する国労闘争団（2002年　撮影・小泉智子）

一　国鉄闘争　新たな可能性

1　社会的労働運動の胎動

九〇年代において、先人たちの争議ノウハウ（技術）を受け継いで発展させたのが、国労闘争団の運動であった。そしてもう一つ、闘いの手法は違うが、その思想的な側面を取り入れたのが、東京清掃労組の区移管反対闘争であった。

この二つの闘いは、民営化と規制緩和に敏感に対応した公共部門労働者の側から提起された、労働運動再生を胎動させた意義ある闘いであった。この二つの闘いに、オルグとして、またワーカーズコレクティブ調整センターを介して、筆者は深く関わることになった。

この二つの闘いを結ぶキーワードは、一九七六年に開始された、イギリスの『ルーカス・プラン』運動から提起された「社会的有用労働」という新たなコンセプトであった。七〇―八〇年代の争議運動論は、「社会的有用生産」というコンセプトを意識して、総評運動の崩壊を乗り越えて、九〇年代の争議運動に受け継がれることになった。おそらくこの提起は、もの作りにかかわる人々が根元的に持っている価値観を、労働運動の「戦略・戦術」として認識した点が重要であろう。これらの運動は、分散的であり形も定かではないが、かつての産業別労働組合や、一般型労働組合とはコンセプトを異にする、新たな社会的労働運動の胎動をきざしている。

2　国鉄闘争コトの始まり

石炭産業とともに日本の戦後復興を支えた国鉄であったが、時代の変化にその巨体を方向転換させられず、親方日の丸、赤字経営の権化のように言われるようになった。「経営合理化・黒字化には分割民営化するしかないのだ」という、国を挙げての大合唱の陰で国労つぶしが画策され、それは社会党勢力の無力化への布石でもあった。

一九八六年一〇月一〇日、国労第五〇回臨時大会（修善寺大会）において、緊急対処方針（民営分割支持に転換）を賛成一〇一、反対一八三、棄権一四票で否決した時が、国鉄争議の本格的な始まりであった。翌年二月に第三回新会社設立委員会は、新会社の組織機構、会社ごとの採用内定者を決定して、四日後の二月一六日に新会社への採用通知を各人に交付した。そして北海道、九州を中心にして七、六〇〇人が不採用となり、事実上の首切りが強行されたのである。国労が四、七五八名、全動労八六〇名、鉄産総連一、〇四四名、鉄道労連二九名であった。不採用者の実に八割が国労、全動労の組合員であり、政府が深く関与してなされた組合員の切り捨てであることから、これを「国家の不当解雇」と呼んだのである。そして不採用者は清算事業団に三年間も入れられ、九〇年四月には一、〇四七名が、その清算事業団からも二度目の解雇を受けたのであった。

その当時、国鉄分割民営化は、行き詰まった日本経済の救世策のように持ち上げられ、それに反対する国労は「諸悪の根源」という、中曽根内閣によって仕掛けられたマスコミの大キャンペーンが展開された。その執拗な政府・マスコミ・国会・政党、また悲しいかな総評などからの国労悪者論の大合唱の中で、国鉄当局は組合つぶしのフリーハンドを手にして、組合員の脱退工作など、ありとあらゆる不当労働行為の限りを尽くし、国労の組織破壊を行ったのであった。それが政府・当局のこの露骨な国労つぶしを、「国家的不当労働行為」という所以でもあった。

3 闘争団の誕生

不採用になった人たちが入れられた各地の清算事業団は、不採用者から労働意欲を奪い去るための強制収容所であった。

この清算事業団のありようを探るには、数百年前のヨーロッパにおける、近代的労働者を作り出すために必要とされた労働監獄の歴史にまで遡る。近代ブルジョアジーの前身は、時の国王の強権と教会の力をかりて、〝自由〟都市流民を犯罪者として狩り込み、時間の束縛に従って働く労働者を製造するための強制収容所を必要とした。その近代労働者を作り出すための強制作業所が「労働監獄」であった。

政府・国鉄清算事業団は、この労働監獄のアナロジーを使い、二度目の解雇までの三年間に、「労働者を解体」することをやってのけた。労働者から総ての仕事を奪い、粗末な長いす・長机しかない狭い部屋に一日中閉じ込めて、彼らが何もしないように監視したのである。鉄格子に代わって就業規則が不採用者を閉じ込め、清算事業団職制が〝労働者〟を解体する陰湿な監視を毎日毎日三年もの間行ったのである。そしてあろうことかその期間、組合員を「ナマケモノ・給料泥棒」呼ばわりして、その噂を地域に流し、家族や縁者をも差別と屈辱のどん底におとしいれた。

廃線（撮影・安田浩一）

　北海道・九州を中心にして、清算事業団の各支所ごとに設置されたこの労働者解体監獄に閉じこめられたＪＲ不採用者と家族が、国労闘争団の前身となったのである。ＪＲの不採用に端を発した清算事業団の「不当労働行為」と、この忌まわしい労働解体監獄に対する労働委員会闘争と果敢な自治的闘争、そして家族・地域の仲間からの支援運動が、闘争団を作る第一段階の闘いであった。

　そしてこの時期、国労本部（宮坂要書記長）において、東京から本部の宣伝カーを出して、北海道・九州の各清算事業団に対する激励行動が、密かに計画されたのである。特別中央執行委員の小島忠夫さんや、国鉄闘争に連帯する会の事務局長山下俊幸さんをキャップとして、平賀健一郎さんや筆者、争議団運動の経験者がオルグ団となって、各事業団を回って、そこに入れられた人たちと、争議団方式の闘い方や組織論が討論され、各清算事業団を単位とする争議団結成が模索されていった。いわば、清算事業団に対する国労組合員の自治的闘争と争議団運動論の結合は、二度目の解雇を受けて直ちに国労闘争団（九〇年四月結成）を生み出していく方針となったのである。

そしてこの清算事業団時代の「労働者の解体」攻撃に対しては、組合として、生活面も含めた具体的な対処方針を持って柔軟に対応した闘争団が、立ち上がりも早かった。集団で地元の牧草の刈り入れや農作業を手伝い、各自に対し、二級建築士や調理師などの各種資格取得支援、また大型トレーラーの免許取得などの積極的な職業訓練の取り組みが行われた。

そして、清算事業団からも二度目の解雇を受けた九〇年四月、三六闘争団中いち早く、博多闘争団（九州）が、貯水槽の管理、パイプクリーニングを主な業務とした「博多クリーンセンター」を発足。翌九一年、音威子府《おといねっぷ》闘争団（北海道）が「木工製品・ようかん」の生産事業を協同組合方式でスタートさせた。

博多を都市型事業とするなら、音威子府が過疎地における「闘いと体制づくり」を提起し、この二つの事業体が牽引力となって全国の闘争団に拡大していった。

実は筆者は、事業体を早期に立ち上げるため、論より証拠で音威子府ようかんを作ることを発案した張本人なのである。パラマウント代表の石井さんが「寺さん。カンパ物資用のようかんを闘争団が製造したら良いのに。意外と簡単に作れるよ。私が教えてあげる」と言った。靴職人一筋の石井さんが昔菓子職人であったとは、人は見かけによらないものだと感心したことであった。ところがすっかりあてにしていた石井さんは頭の手術で入院してしまい、細目がわからぬまま争議団との約束の日が迫った。それから筆者はねじり鉢巻で、合羽橋に大きな銅鍋を買いに走り、アメ横で大納言の小豆を買い込んで、アパート中の好奇の視線もなんのその、小さな部屋でようかん作りに挑戦した。小豆の煮える何ともいえない甘い匂いと、その作業の中で小豆がようかんに変身する一瞬がわかったときは、本当に感動ものであった。

何日がかりかで、はなはだ怪しげであったものの、どうやらようかんもどきを作り上げ、ワーカーズコレクティブ調整センターの面々に「これが音威子府のようかんなのだ」と自慢して、東大社研・森谷文昭さんの部屋で試食してもらった。そして颯爽と鍋やようかん作りの器具を背負って音威子府に飛び、三日三晩かかって闘争団事務所で藤保文夫さんたちにようかん作りを指導（？）したのである。本当は指導などできたしろものではなかったが、そこはオルグの真骨頂、さも熟練菓子職人であるかのようなふりをし

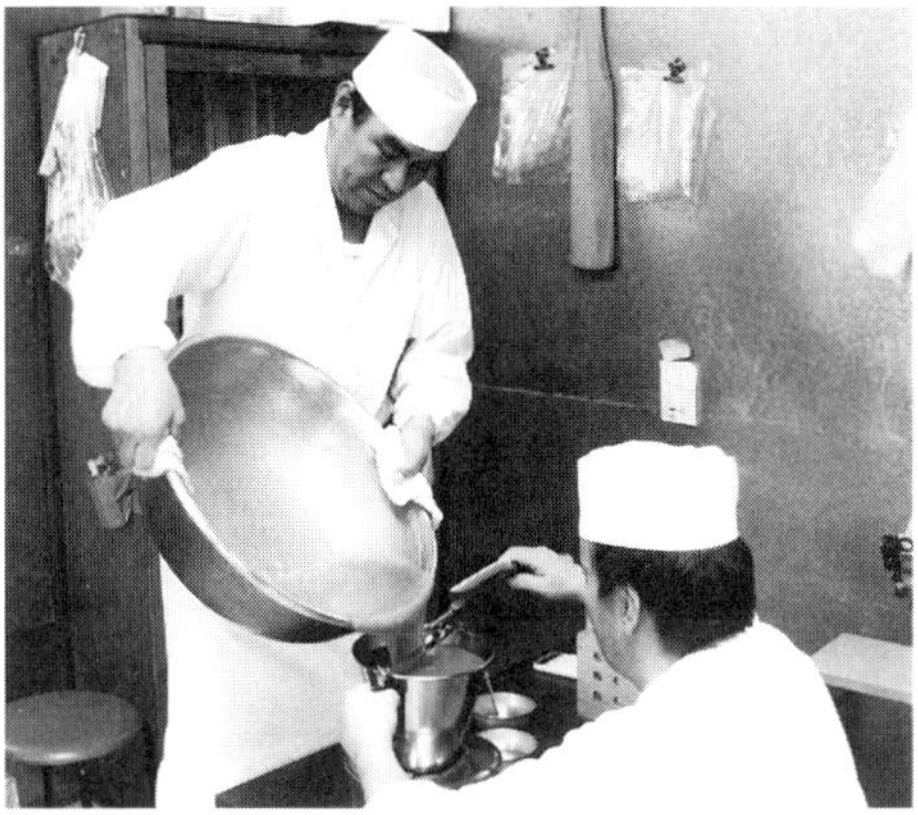

ようかん作り（撮影・安田浩一）

て、化け身になる術を使いようかんをこしらえたのであった。それから彼らは鎌倉の老舗、「美鈴」に丁稚奉公にいって、ようかん作りを学んで、今の立派な音威子府ようかんになったのである。この時筆者のイメージしたコストの中には、「むらおこし」「自然環境を守る」「ワーカーズコレクティブ協賛基金」などの資金を入れていく原価計算を提起していたが、その面に関しては、どういう理由かは知らないが入れられなかったのが、今でも残念に思っている。

そして九二年、五・二八中労委によって和解案が流れた後、闘争の長期化を見通して、事業体発足は一気に加速し、本格化していった。全国の三六闘争団中、二五闘争団による二一の事業体が発足・運営され、全体として、何らかのかたちで生活収入を闘争団の活動から得ている組織的自活の組合員三割強が、自ら創り出した事業体で働くことになった。

4 抵抗的決起の限界

当時の中曽根内閣による「国鉄の分割・民営化」は、国労・総評解体攻撃に止まらず、戦後社会構造の屋台骨を取り壊す、「政治から」の攻撃であった。それは、労働組合の否定という戦術を越えて、産業民主主義＝労・資の自治を廃棄していく戦略を内包させていた。そして以後、日本の労資関係は、それ自体が産業・企業内自治を後退させていき、そして日経連が九五年に出した新時代の日本的経営＝大リストラ攻撃、九八年の労基法改悪など、戦後社会の型が大きく変容し、福祉国家の最終的離脱へと突き進んでいったのであった。

筆者が思うに、国労組合員に対するあからさまな不当解雇、不当労働行為は、政治信条にかかわりなく、組合主義の根幹に関わる原則の問題であった。だから、修善寺大会でとどまった「伝統左派」の闘いは、その国労の決起がどんなに孤立し、無謀であると言われようとも、その「抵抗的」決起は、労働組合として避けては通れない闘いであったし、また新たな労働運動を生み出していく原点の意義を持っていた。だがそれ以後、運動の原点を発展させたのは、伝統的左派が率いる国鉄労働組合の機関指導者ではなく、国労闘争団と家族、それに連帯する底辺の活動家たちであった。その点において、国労闘争団はより多くの困難と苦労を背負い込むこととなった。一六年間経った今日の運動の姿がそれを象徴している。

九八年八月の国労六三回定期大会において、国労本部の政治的な駆け引きの稚拙さも手伝って、状況認識の大きなズレや方針の違いが、あらゆる問題点がこんがらがったまま浮き彫りになった。その混迷のとどのつまりが、大会前に方針原案として提起されることなく、突然、ある派閥の了解の下で宮坂義久書記長から提案された補強五項目であった。それは国労方針の企業内主義に復帰することを鮮明にした、①国鉄改革法の承認、②JR移行後の係争事件はエリア本部と各社で解決、③国労の名称変更を含めて論議、④JR連合の共闘、⑤自民党をはじめとするすべての政党に対する要請を強め政府に決断を迫る、という「補強五項目」であり、そしてその提案は路線転換のためのアリバイ作りとして、強引に継続審議となったのであった。

ここで執行部がそれまでの一二年間の運動の成果について全く討論を避けたこと、そして討論をしなければならない課題こそが、国労運動の原点であった。またその運動の発展こそが討論されなければならない問題であったはずである。にもかかわらず、この定期大会での国労運動の先祖帰り方針案は、新たな社会状況について、自らの企業内組合としての本質的な欠陥の総括や、その限界を積極的に超えていく問題提起や、大衆討論を拒否した清算主義的なものであった。

5　その延長にあった四党合意問題

この補強五項目による国労主流派の先祖帰り方針は結局無惨な結果をもたらした。二〇〇〇年五月三〇日、自民党、公明党、保守党そして社民党の間で結ばれた「ＪＲ不採用問題の打開」という四党合意に端を発して、その賛否をめぐって国労は大揺れに揺れて、崩壊への道をたどっていった。この四党合意は、ＪＲの不当労働行為がなかったものとする前提で、争議解決をゼロに近い水準で終わらせていくことと抱き合わせで、補強五項目に沿った路線に転換していくこと、さらにＪＲ内の労働再編を見込んだものであった。

この労働再編は国労内からだけの提起ではなく、別の組合の幹部の間で合意形成され、またＪＲ各社やそれに同調する国会議員などが、ＪＲ総連の影響力を取り除くためにもくろんだものだと考えられる。また国労内においては、その意図に沿って、宮坂前書記長をはじめ〝チャレンジ派〟と呼ばれる企業内に活路を見出そうとする一派と革同右派の幹部が含まれ、多数派工作が行われて、この九八年補強五項目提案となったのであろう。

だから、その線に沿って根回しされてきた「四党合意」は、争議解決が主要な点ではなく、国労の路線転換の突破口として国労主流派が画策したことで、争議解決と路線転換の順序が逆になり、無理の上に無理を重ねることとなっていった。宮坂義久前書記長たちが合意形成してきたのは、国労組合員でも闘争団でもない、ＪＲ内の労組再編派と国労路線転換で、自らの延命を果たそうとしたチャレンジ派と革同右派であった。そしてその際に、労資双方・革マル派の指導の下にあると言われているＪＲ総連と組織として対抗することが、この再編の最大の眼目であったと考えられる。

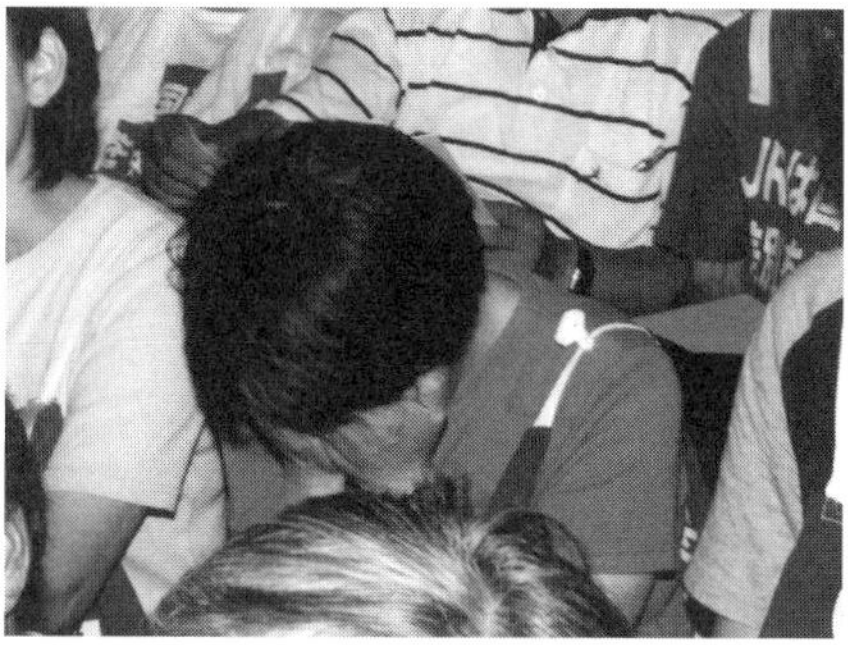

「四党合意」で泣き出した闘争団家族
（2000年　撮影・浅井真由美）

以上のようなＪＲ内外における状況認識を、四党合意の核心問題として押さえておく必要があろう。四党合意における「人道的立場」は、彼らにとっては単なる刺身のつまなのであり、もっと正直に言えば国労闘争団に対しては疑似餌であった。

ＪＲ労働再編派が見込み違いをしたのは、自分たちの指導力のないことと、そして何よりも闘争団の力を侮ったことであった。国労指導部が真っ先にやるべきことは、闘争団の合意形成を図ることであったが、最初にやったことは、路線転換を図っていく多数派派閥の形成であった。そして、そこから路線転換の課題と争議の解決を、あろうことかごちゃごちゃにしてしまい、混乱に混乱を重ねる無理が拡大していったのである。

音威子府家族会（撮影・金瀬胖）

争議は、大きいか小さいか、解決時間が長くかかるか短かいか、また勝利するか敗北するかに関わりなく、争議をする者がたとえ少数になっても、指導者が道義ある説得で当事者を納得させない限り必ず続くものである。また向こう側の当事者である経営や資本・当局の側では、争議をつぶすことと、補強五項目や四党合意などによって穏健な組合に転換させることは、一体のものなのである。だから労働側にとって争議解決は、組合執行部や幹部の思惑の中だけで解決できない難しさがあるのである。にもかかわらず国労の執行部は逆の立場に、まるで当局のようになってしまったのである。国労の革同と旧社会党員協右派の二派で学校政治の多数派を握れば、国鉄闘争が解決すると考えたことが大誤算となった。

国労は二〇〇〇年七月一日臨時大会の休会を経て、翌年の定期大会でかろうじて四党合意を採決したが、内部がまとまらず、闘争団・組合員との矛盾がますます拡大していった。そして、争議解決と路線転換方針が明らかに分裂し始めて、「機を逸した」と考えた路線転換派のチャレンジ派のグループが、国労に絶望して組織を脱退していったのである。

また与党は、「四党合意が果たせないのは国労の組織問題だ」として、解決作業がいっこうに進展しなかった。与党・JR東日本は責任が一番重いにもかかわらず、国労幹部の無責任さとだらしなさに、「やはり国労幹部は無能であった」などと対応し、JR総連との手打ちを優先させて、国労の推移を見守るという日和見を決め込んだのであった。それによって、二〇〇二年四月二六日の三与党声明は、当初の四党合意に込められた政治的ダイナミズムが色あせてしまい、また国労路線転換派への期待が外れたことで、急に冷たく突き放したものとなっており、またその腹いせではないかと思えるほど、国労をできるだけ小さくすることをもくろみ、国鉄闘争をやめない人たちに対する分裂・排除の声明となったのである。

路線転換派は国鉄闘争を生贄にして企業内におけるサバイバルを画策したが、失敗した。向こう側の期待が冷え切って、争議問題だけが残ったのである。

国鉄闘争が国労組合員全てに、それに関わってきた人に、また社会に対してその争議の重みを知らしめたのが、同年五月に開催された六九回国労臨時大会であった。この臨大の経過は省くが、三与党声明をストレートに受け入れて出されたのが、国労執行部の何ともいいようのないぶざまな対応であった。

四党合意の罠は、国労を、組合員とその仲間を売る螺旋にはめ込むものであった。それも美辞麗句をまぶした「統一と団結」という言葉で。四党合意をめぐって、向こうの政治とこちら側の政治は破綻したが、争議つぶしという側面だけは残った。それがこの二年におよぶ四党合意問題の顛末であり、その後の三与党の四党合意離脱声明であった。その認識は充分に、また大衆的に討議され、新たな運動に繋げていかなければならないが、ボタンの掛け違いと、無理に無理を重ねてこんがらがった糸を解きほぐす作業が、同時に必要であろう。

その第一は、国鉄闘争を国労の路線転換と明確に切り離して問題点を整理することである。国鉄闘争がここまでくれば、闘争団の指導者は、それぞれの仲間の状態を正確につかみ整理することが必要なのだ。どんな労働争議でも、長丁場になってくれば、組合員は三つのグループに分かれてくる。良い悪いではなく、あたりまえのこととして、争議の現状を認識することである。

第一グループは完全勝利までどこまでも闘っていくグループ。争議団運動の中で戦闘的な集団だが、数からいえば少数派なのである。第二グループは、第一グループを支え、また場合によっては常識的（世間的）に争議を比較し判断できる市民派であり、多数派のグループ。第三は、いつの間にか付き合いで争議に参加している組合員であり、できるなら早く争議をやめたいグループであり、気持の上では多数派だが数の上では少数派である。

争議がどん詰まりまでくれば、それぞれが統一的にきれいにわかり合えるものではなく、厳しい決断に迫られるものなのだ。だから労働組合の今後の路線と争議解決とを切り離して決着をつけることが、最低限、共に闘ってきた者たちに対する友愛であり、それこそ統一の基盤なのである。四党合意の押しつけがなければ、国労闘争団は一六年間ともに苦労を重ねてきた経験のうえにたって、お互いに知恵を出し合い、争議を続ける者もやめる者もわかり合えるし、柔軟な解決方向が見えてくるものであった。

また争議運動に限っていえば、最高裁で「負け」の判決が出されても、そこでゼロのままやめるか、争議を続行するか、二者択一の選択となってくる。だから鉄建公団訴訟のほかに今のところ闘争を継続していく策はないのである。それと併せて、日本政府のＩＬＯ条約違反を条約適用委員会で意見具申させていく運動は、国際世論で日本政府を包囲していく意味で、争議解決を促していく運動でもあるのである。四党合意の解決は正式に破棄され、また最高裁判決が出されれば、新たな運動の構築で政治的解決の土俵を作っていくべきである。新しくできた共闘会議は国労組織の再生にとって頼もしい味方だ。無理に無理を重ねた路線転換における争議解決のこんがらがった糸をほぐしていけば、国鉄闘争はグローバル時代に新たな組合戦略を練り上げていくことが可能であり、争議に負けない解決もその延長線上にある。

6　新自由主義の幕開けと国鉄闘争の意義

総評解散以後、この立場にたって国鉄闘争の運動の意義を整理すれば、大きく分けて四つになる。

その一つは、総評なき後、左派労働運動（全労協など）の結集軸であったこと。それは労働組合で唯一リストラの原点に反対した組合であり、それに対抗する、権利確立の中心的な労働運動であるという意義。また企業内の労資関係を越えて、地域運動を根拠にした社会に開かれた運動・組織体を形成していく、第三極としての全労協運動の出発点でもあった。

その二つは、争議団運動の経営的な活動の水準を引き継いで発展させてきた、労働者経営の意義。

八〇年代の争議運動における財政活動の到達点は、闘争団財政の共同管理と、賃金のプール制を採用した、全員参加の公平な分配を確立したことであった。その財政活動は、大方において支援組織や組合を対象にした物資販売、いわゆる争議団行商である。沖電気争議団などは行商一本ヤリで争議団財政をまかなってきた。また行商における販売物は多岐にわたっている。珍しいところでは花屋や豆腐屋や廃品回収業など（自主生産の項参照）があって、うまくいったところは本業になったところもあるし、後輩争議団に事業をバトンタッチさせていったところもあった。この物資販売は労働者主体であること以外は事業経営と何ら変わるところがなく、支援を組合間に広げていくオルグの役割も兼ねていた。これらの収益と団員のアルバイトなどで稼いだ資金をプールして、争議団が再配分して生活資金に当ててきたのであった。その結果、良くできたところは従来の雇われものとしての従属や企業内的団結の閉鎖性を越え、労働者としての新たな協同的生活方式を実現してきた。

そして国労闘争団では、音威子府闘争団、函館闘争団、留萌闘争団などが、村や町や市と具体的なつながりを持った自然環境を守る運動、廃油のリサイクル石けん運動、過疎地における地域おこしなど、今までの個別事業の領域を越えた質と広がりを見せてきていた。そしてこの地域運動は、全国的な社会的運動に転化できる性質を現在も持っている。

その三は、鉄道交通政策として、対案型運動を運動の主軸にして提起した意義。民営化・規制緩和政策への反対運動を越えて、住民や市民や労働者が一緒になって、公共・交通政策の対案を討論して、運動のネットワークをつくっていく、新たな社会的な共闘運動の出発点であった。この対案

来日したブリヂストン・ファイアストンの組合員（撮影・今井明）

運動は、時代に適った公共・行政改革を、労働組合と住民・市民の手で真剣に取り組んでいけば、おそらく、公共部門の労働組合の保守的なあり方を変え、蛸壷に入った官公労運動における唯一の脱出口になると思われる。

その四つは、新自由主義・グローバル資本と対抗する国際労働運動と連携していく意義。国鉄闘争は、時代としてグローバリズムの中で長丁場の闘いを展開してきたことによって、国際的な争議との交流や争議支援をする機会も多かった。韓国スミダや、とりわけ一九九五年のアメリカのブリヂストン・ファイアストン争議に対する支援行動は大きな意義があったと考える。それまでは、率直に言って「帝国主義」アメリカの労働運動という認識しか持っていなかったのが、日本の闘う労働運動側の常識であった。だがこの闘いを通して、闘う労働者の気持ちは一つであることを見事にわかり合い、日本の総行動「文化」とアメリカのコーポレートキャンペーン「カルチャー」が見事に結合して、ブリヂストン本社を包囲したのであった。争議団日本代表団をアメリカに送り、ブリヂストン・ファイアストン闘争を勝たせる手助けをすることができたのである。

これは筆者の独り言でもあるが、日本のユニオン運動の争議は決して国際水準に引けをとることがないし、反倒産・自主生産運動は、国際的な水準を超えて普遍的な問題を提起していると自負している。

このように、新自由主義が台頭する中では、国内的な運動を越えて、各国の労働争議・労働運動には労働者の国際連帯行動が求められているのが認識されよう。とりわけ、日本では、国労の、中労委が不当労働行為を取り消した九八年五・二八東京地裁の不当判決との闘いにおいて、ＩＬＯ八七・九八号条約違反に対して、ＩＬＯ（国際労働機構）での活動を不可避にさせている。これは日本政府に対する国際世論の包囲網をつくることでもあるのだ。

以上四つの意義をまとめて、左翼主義の派閥型労働運動における哲学、理屈、狭い実践運動の誤りを根底から総括すると、国鉄闘争がグローバル時代に適応した運動の原点であったことに、今更ながら驚かされるのである。以上のような総括を着実に行っていけば、国鉄闘争の今後の再生は、今なら可能であり、グローバル時代の社会運動における梁山泊のような対抗的な根拠地、その一つを作っていくものとなると考える。

国労闘争団事業の現状

所在地	事業体の名称	事業内容
稚　内	㈲ユーズカンパニー（91.3.30～）	土木建築請負業、建物清掃業、雑貨販売、水産加工・販売、警備業
音威子府	労働者協同組合おといねっぷ（91.6～）	羊羹・味噌の製造・販売、木工品の製造・販売
名　寄	㈲サンピア（91.3.11～）	クリーニング取次（95.3～）、軽運送（94.9～）、食品（野菜せんべい等）販売、清掃請負、配置薬業務
北　見	㈲北見ユニティ（91.5.27～）	農・海産物の販売、コンクリートブロックの製造請負
留　萌	労働者協同組合るもい（93.7.10～）	廃食油リサイクル石けんの製造・販売、農・海産物販売、市水道検針委託業務、市公園清掃管理業務
深　川	生活者労働者協同組合（生労協）深川（93.9.23～）	ユーザー車検代行業、公園管理、生活住宅関連、土木建築関連、農業関連
釧　路	㈲ユーカラ（93.3.18～）	警備業、運送（チャーター便）の請負
帯　広	㈲スモークハウス（94.6～）	手作りソーセージ類の製造・販売
札　幌	㈱セリオ（93.4.1～）	物資販売（商事部）、土木・建築・設計請負（工事部）
函　館	労働者協同組合道南ネット（93.9.10～）	堆肥化促進資材ぼかし肥の製造・販売、家屋修繕、印刷、看板製作
門司・小倉・八幡	㈲ポポロ（91.11.25～）	医療下請業務（救急車の運転、マイクロバスの運転〈送迎〉、守衛〈防災〉業務、食材運搬等）、米販売
筑　豊	㈲アクティブ企画ふくちや（92.7.1～）	総合メンテナンス
博　多	企業組合クリーンセンター福岡（90.12～）	緑化管理、公園管理、造園工事、貯水槽清掃・管理、洗管、飲食業務
鳥　栖	企業組合クリーン九州（95.11.5～）	上・下水道管理設工事、庭園・側溝の環境整備、建物等の保守・管理、排水パイプ洗浄、樹木伐採
佐　賀	企業組合クリーン佐賀（95.8.11～）	ビル・ハウスクリーニング・、排水パイプ洗浄、側溝等の清掃、緑化管理
佐世保	赤絵工房（93.4～）	有田焼絵つけ
長　崎	企業組合長崎テクノス（95.3.27～）	制御板・分電盤組立配線、信号・通信設備の保全・研修、一般通信設備工事、一般電機設備工事、家電製品の販売
大　分	便利屋ＮＲＵサービス（93.7.16～）	病院夜間受付業務、便利屋（引っ越し、ビルメンテナンス等）
熊　本	企業組合クリーン大牟田（96.3.14～）	清掃一般事業、配管洗浄事業、便利屋業、店舗「こだわりもん工房」（自然食品、海産物、贈答品、化粧品、食料品、浄水器、日用・生活用品等無公害製品）
鹿児島地方・川内・始良伊佐	㈲ワーカーズ鹿児島（川内営業所・始良営業所）（93.2.1～）	建築基礎工事、土木工事、塗装工事、ハウスクリーニング
宮　崎	㈲ワーカーズ鹿児島宮崎支店（96.2.1～）	家屋修理、測量、引っ越し等

［ルーカスプランとは］

イギリスにおける倒産・失業といわれる資本主義の停滞期にあって、主に軍事用航空機部品メーカーとして知られるルーカス・エアロスペース社に働く労働者が、合理化・人員整理もやむなしとする経営者側論理の前に、もろくも崩れ去っていく労働運動の現状を打破すべく作成した「景気後退と人員整理に対する積極的な代案」のこと。

軍事生産よりも「社会に役立つ製品の開発」という、この『経営プラン』を武器に、ルーカスの労働者は闘いを展開する。サッチャー首相は、この運動こそまさに「社会主義」と断定して、運動潰しに総力をあげたのであった。

参考文献　『ルーカス・プラン「もう一つの社会」への労働者戦略』ヒラリー・ウェインライト　デイヴ・エリオット共著、田窪雅文訳、戸塚秀夫解説、緑風出版、一九八七年刊

［ワーカーズコレクティブ調整センターとは］

八七年秋に来日したルーカス闘争のリーダーの一人マイク・クーリーを囲むセミナーの参加者の間から、「社会的に有用な生産のアイデアを自主生産・自主再建闘争に生かせないか」、あるいは「労働運動・協同組合運動・地域運動の結合、活性化に生かせないか」、と考えた労働運動のオルグや自主生産の当事者、協同組合運動の活動家、あるいは自分の技能を有効に生かしたいと願う大学内の理工系・社会科学系の研究者や大企業のエンジニアなど種々雑多な人が集まって、八七年に発足。

［東京清掃労組による清掃事業の区移管反対闘争とは］

清掃労組が、地方行革の一環として打ち出されたこの構想を破るには、「市民運動と提携してゴミ問題の抜本的解決の民衆的対案を提起し、実現をめざすことが不可欠」、との見通しに立ち、九二年秋以降、同労組、東大全学職員連絡会議（東大職連）、ゴミ問題に関心を寄せる区議会議員有志や住民運動関係者などと共に、「現代都市清掃問題研究会」の場で、対案戦略策定のための基礎的な検討作業をおこなった。

二　社会と労働組合

1　東海村臨界事故と労働組合

九八年秋、九月も終わりというのに、陽射しは皮膚をチリチリと刺すように強く、空はどこまでも突き抜けて青いが、どことなく異常を感じさせるような日が続いていた。東京は過去一〇〇年で年間平均気温が二・九度上昇したという。そして一〇〇年後にはさらに一度上昇するという予測を、気象庁が発表した。それだけでも日本は亜熱帯気候に近づき、異常な気候なのに、熱帯雨林などの環境破壊をこのまま放置していけば、ヒト社会はもっと大変な事態になるに違いない。

JCO工場プラントの事故現場近く（撮影・金瀬胖）

九月三〇日、突如として、茨城県東海村のウラン加工施設「ＪＣＯ東海事業所」で臨界事故が起こった。周囲に中性子線をまき散らしたという点では原爆にも匹敵する。国の調査によると、中性子線に六五〇名が被曝した我が国始まって以来の臨界事故であった。その直後、南波正男さん（自立労連・タカラブネ労組）が、自社のケーキをスーパーなどから回収し、「他企業が被爆したかも知れない商品を売ってる中で、労使で協議し、施設の近くにあったタカラブネ四店舗の営業停止と商品の廃棄処分を決め、廃棄に行った」という話を、全国一般なんぶの平賀雄次郎委員長から聞かされた。

その話から、世紀の汚職事件と騒がれたロッキード事件が思い出された。時の総理大臣・田中角栄に、ロッキード社の賄賂三億円が、商社丸紅の役員を介して、「ピーナッツ」という人を食った名目で渡されたのが明るみに出た事件であった。その時、いち早く平賀健一郎さんと筆者は、争議団の仲間と相談して総評に運動提起をして、丸紅本社に向けて、ＶＡＮヂャケットや名古屋製糖の丸紅関連争議組合を先頭に、ロッキード糾弾の東京総行動を行った。争議団を先頭に、全都反合の労働者が丸紅本社前で社員のピケットを押し破って、フロアーに座り込み、三里塚（千葉）産「怒りの落花生」を、「鬼は外!!」よろしく喜々としてみんなでばらまいたことが、昨日のように思われて懐かしい。その丸紅行動を契機にして、VANヂャケットと名古屋製糖の争議も順調に解決へ向かった。

「私たち組合も、ただちに核燃親会社・住友金属鉱山と政府に抗議申し入れ行動をやったらどうか。ケーキをぶつけるなんて、おもしろいんじゃない?」と言ってみたものの、もはや今は昔、反原発運動をやっている一部の組合以外、労働運動の立ち上がりはとても重かったのである。その後、調査が進むにつれ、放射能漏れ事故は全くずさんな管理体制下で発生したことが明らかにされた。被災者の先頭に組合が立ち上がるのは、こういう時代だからこそ必要なのだが、筆者を含めて運動を作ることができなかったことは、本当に嘆かわしいことであった。

2　ブリヂストン・リストラ抗議自殺

その数年前からリストラと不況が長引く中、九七年の一年間だけでも三万人の自殺者があり、悲しい記録を塗り替えることとなった。さらに九八年に入っても自殺者は増え続け、その中の一つに、三月二三日、ブリヂストン社長室において、関連会社の管理職野中将玄さんが海崎社長の目前で、リストラに抗議して割腹自殺するという痛ましい事件があった。海崎社長は私たちが支援したアメリカのブリヂストン・ファイアストン争議の際のBFS社長だった。東京管理職ユニオンは、その事件に対して四月六日、ブリヂストンのリストラ政策に厳しい批判声明を行ない、それを受けて四月一九日、雇用破壊ＮＯ！・全国実行委員会が「抗議自殺を考えるシンポジウム」を開催し、さらに四月二一日、各地域から積み上げてきた雇用破壊ＮＯ！・全国キャンペーン東京行動が取り組まれた。

「総行動」の日はいつも天候が悪くて、雨がジンクスとなっていったにもかかわらず、その日に限って、風が強く多少寒かったが、気持ちよく晴れ渡った一日となった。昼休み、喧噪の中、オフィス街のブリヂストン本社は、二〇〇人近くの労働者に包囲され、宣伝カーからマーラーのアダージェット（名画「ベニスに死す」の曲）が流れる中、一瞬事象の動きが止まったように静まり返った。

東京管理職ユニオン設楽清嗣書記長による「死ぬな・負けるな・共に生き闘おう！」という涙のアジテーションは、道行くサラリーマン・ＯＬの足を釘付けにした。ブリヂストン本社前におけるこの追悼行動は、平賀健一郎さんの言を借りれば、怖いほどに昼ののどかな日常性を突き抜け、ホワイトカラー労働者にとって、他人ごとでないリストラの猛威を目の当たりに写し出したのであった。

3　社会崩壊と激増する社会犯罪

九八年は、悲しくも陰惨な事件が立て続けに起こった。九月八日「池袋無差別通り魔殺人」、九月二九日「下関無差別連続殺人」と続いた。

もちろん、二つの連続殺人事件は、なんのつながりも持っていない。だが、警察の捜査から漏れ出たマスコミの報道によれば、二人の容疑者像や事件を起こした理由や動機、その殺傷の仕方まで全てが酷似しているようである。性格はおとなしくまじめ、いつの頃からか人とのつき合いを避け、これといって目立たない存在。転々と職場を変えても変に思われない都市雑業に従事していた。

池袋事件の容疑者は仕事もいくつか変え、事件当時は足立区千住近辺で新聞勧誘員。「まじめに働いているのに評価されず、腹が立っていた」「社会に認めてもらえない」「何をしてもうまくいかない」というのが、事件を起こした理由だった。下関事件の容疑者は、建築士の仕事をやめ、他人と話さなくてすむ市内の宅配の請負い。二つの事件とも判で押したように、「誰でもいいから殺したかった」というのが動機であった。そしてこれら事件の特徴は、加害者と被害者には因果関係が全くないのであった。殺された方もなぜ自分が殺されたのか、殺した方もなぜその人を殺したのか、全く個別的な意味も理由もなく、たまたまそこに居合わせたことが事件の加害者と被害者になるという、「凄惨」としかいいようのない事件だった。

そして、失業・不況が深まるにつれて、犯罪のもう一つの特徴的なことは、少額の金で殺人事件が多発していることであった。わずか数万円の金を盗るために殺人が行われるようになり、若者の間では、強い者が弱い者から金を借り、さらに返さないで借金が踏み倒され、それでも貸すのを拒むと暴力をふるう事件が日常茶飯事だという。二〇〇二年一一月一九日に沖縄で起きた高校生二名による暴行殺人事件は、その借金強要がいじめ殺人事件に発展してしまったのである。

4　弱まる社会規範と犯罪の急増

『新宿鮫』の作家・大沢在昌は、二一世紀は「犯罪の世紀」という趣旨のことを、ある対談で述べていたが、それを地でいくような殺伐とした事件と、それを生み出していく社会風潮が広がっている。数年前までの日本は、世界で最も安全で安定した社会と言われていた。その日本社会も、凶悪犯罪の激増にみられるように、犯罪件数が欧米並みに近づきつつある。新自由主義の世界的な蔓延によって、金が金を支配し、その金の勝者が人々を支配する社会に変質し、グローバル化した国際的な事情が絡み合って、犯罪も世界的に均質化されていく傾向にある。だが日本で最近多発する犯罪は、日本固有の社会的な経過と理由があると思える。それは、連綿と続いてきた、「その他大勢」が共に生きられるために、ぎりぎりの意味を持ってつながっていた、いわゆる村的な社会、その家族や地域的な人間存在の相互確認、さらに庶民が生存していた底辺社会のそれなりの仁義が次々と壊されていく事態が、急激に強まってきているからであろう。

その結果として、ヒトが人間であるための基礎的な社会制度、いわば社会防壁が、深いところで市場原理の侵食によって破壊され崩壊している。それにともなって、自然としてのヒト生命体が異常を来しはじめているのである。ある新聞記者は、この異常によって「神経」が切れやすくなったのは、環境ホルモン、ダイオキシンのせいであると言っていた。

この社会的な事態は、六〇年代の高度成長によって人と自然との関係がゆとりを失い、八〇年代から顕著になってきた競争社会の進展によって、日常生活の上においても、生まれたときから勝者と敗者の線引きが見え隠れし、さらに自然的な人としての防衛のために自己中心主義の壁を設けて、個人的生活においてさえ、家族やさまざまな人間関係の絆をうっとおしいものとして遠ざけるようになるという経過をたどったと思えるのである。その事態は、地域社会のつながりがもっとも希薄な大都市と若年層から始まって、社会に広がっていた。産業の空洞化や商店街のドーナッツ化、学級崩壊や家族崩壊がさまざまな形で社会問題化していったのである。

筆者は、当然その原因の中心には解雇やリストラや失業、総じて労働問題も含まれていると考える。むしろ労働問題は、古今東西を問わず、社会の崩壊と破壊を作り出している本質的部分であるのだ。まじめに働き普通に生きるという価値が、またその社会的な存在確認行為が全く失われ、精神が切れて、人を人と思わず、せこい犯罪に走ってしまう、空虚な社会状況が広がってきているのである。

5　「社会主義」の敗北と労働組合

労働組合が今問われている存在意義は、このような負の社会状況が生起した中で、かつてのような、保守か革新か？　反動か進歩か？　ではないと考える。

東西対立という歴史的な背景の中で、一九八〇年代前半まで、資本制市場経済が、在来の非市場経済と国家統制によって規制・コントロールされていた時代は、国内における保守か革新か？の対

日本の本社門前で闘争中の韓国スミダ組合員（撮影・今井明）

立的コンセプトも大きな意味があった。だが、東側社会主義経済の失敗と政治的な敗北によって、市場経済を縛っていたそれぞれの社会における国家統制による財政政策が後退し、またさまざまな国民の生産的な営みであった非市場的経済が壊され、社会の片隅に追いやられていった。さらに、従来の社会に埋め込まれていた公共企業体が、市場原理の導入によって分割民営化されていったのであった。総じて社会防壁としての公共と自治、経済活動における実在的な協同と友愛的価値が、競争原理によって退けられ後退していったのである。

そして、世界的にアメリカンスタンダードによる新自由主義が経済を席巻しつつ、資本制の再構築戦略がもてはやされるようになった。このような状況の中で、小沢一郎（自由党）は、従来の国家統制派による保守と革新を一緒に風呂敷に包んで、「守旧派」という政治的コンセプトを提起したのであった。このコンセプトには、保守政治の側からの五五年体制の否定、福祉国家の最終的な離脱という戦略が隠されていたのである。不幸なことに、かつての革新は、「守旧派」に対抗する新たな改革のコンセプトを提起できず、「資本主義」と「社会主義」、保守と進歩という形容矛盾の中で、解体と縮小再生産を繰り返してきたのが実状であった。また労働組合の多くにおいても、社会主義経済の失敗と一緒くたにして、本来的に旧体制の中に含まれていた基盤＝金銭的な価値でない非市場的な組合の本質に関わる「社会制度」まで投げ出す愚を行ってしまった。社会主義国家の計画経済の失敗と市場に対する政治的敗北、それとは結果において本来別物であり、独立して長い歴史を持っていた非市場的な社会の価値をひっくるめて、組合の多くがその大切なことを捨ててしまったのではないかと、筆者は思う。かつて『金融資本論』を書いたヒルファーディングは、市場の凶暴に対する労働組合の価値について、次のような趣旨のことを述べていた。すなわち「労働組合は、凶暴な市場をいかに遠ざけるかにある」。

市場とは、ある制度の成立の下での、需要・供給における価格決定のメカニズムである。労働組合は、給料の目減り、長時間労働、労働条件の劣悪化など、労働者が凶暴な市場から極力影響されないための対抗的な制度であった。本来的に人間的な諸力の一つである労働力は、もの（商品）として扱うには無理があるために、それに取り扱い注意のさまざまな規制（労働協約・労働法・社会法）をすることが、近代を貫いた労働組合の主な闘いであった。

それとともに、労働は積極的な意味において、レジャーや休養と同じように、生涯を通しての人間の自己充足過程の一領域なのである。だから、労働力について市場に下駄をあずければ、三〇〇年前の市場経済の出現からして、労働者・人間は「神の見えざる手」によってとんでもない憂き目にあってきた。また市場経済も過去、何回となく失敗してきたのだ。そして今、市場経済は、グローバル金融システムの異常な突出と大競争時代の幕開けによって、過剰なマネーが、金と「もの」を動かし、さらに資本による資本の博打的な支配が、人々を不幸にし、わずか二割に満たない富裕階級が、世界の八割の貧者と弱い者を殺しているような社会となってきているのである。市場の失敗は地球的規模に広がって、環境を破壊してヒト自体の生存すらも脅かしている。

6　今問われる組合の新たな存在証明

本来人間は生命・欲求を満たすために、物質的手段をもってしか生きられない存在として、自然と社会を介して非有機的な関係をますます強めていった特異な生物であった。

市場経済の虚構性を暴いたカール・ポランニーは、経済的という言葉の意味を、実体＝実在的（サブスタンティブ）定義と形式的（フォーマル）定義の二つに厳密に区別した（『人間の経済』岩波書店）。ここで言う実在的とは、広義においては物質的手段における生産であり、狭義の意味では、生計維持的な機能、パンやミルクなどのことである。そして、労働組合はフォーマル経済（儲けを生み出す経済）の単なる反対制度であるばかりではなく、サブスタンティブ（実体）経済の体現者となり、その実在的経済＝人間の経済の地球的規模での大ネットワークの核になる可能性を持っているのである。かつてのテーゼとされた労働者、農民、中小業者、知識階級などの政治統一戦線の狭い意味ではなく、市場経済に対抗する社会的な統一戦線という意味を持っているのである。労働組合はフォーマル経済の反対者であると同時に、新たな人間経済の対案や協同的価値（友愛）を創出することが必要な時代なのである。そしてこの時代、労働運動のこのようなモチーフの延長に、社会・国家再建のコンセプトがある。

結論づければ、労働組合にとって、長い歴史を通して形成してきたヒト生存のために、社会に埋め込まれてきた非市場的な民衆側の公共の秩序＝社会防壁をぶっこわす側に立つのか、ヒト社会再建の側に立つのか、その社会的意義が今まさに問われているのである。そして労働組合の新たな理念は、サブスタンティブ（実体）経済を担うさまざまな人々と共に、友愛による社会的な団結を再生する役割の一つを担っていくことであると考えられるのである。

三　労基法改悪反対運動の顚末

1　運動の出発

筆者が、一九九七年の春、全国一般東京なんぶの呼びかけに応じて、有期雇用労働者権利ネットワークに参加し、弁護士や学者などと研究会を重ね、総評運動では埒外に置かれていた非正規労働者の領域に問題意識を持つことができたのは、「総評オルグ」として大きな転機となった。

このインフォーマルな労働者を主体とした新たな権利運動は、風雲急を告げる情勢にあった労基

労働法制改悪に反対するデモ（撮影・浅井真由美）

法改悪を目前に控えて、労基法改悪反対共同アピール行動へと瞬く間に発展していった。運動の先頭に旗を立てたのは従来の労働団体ではなく、均等法ネットワーク、女性のワーキンググライフを考えるパート研究会、派遣労働者ネットワーク、有期雇用労働者権利ネットワークの四つのネットワーク組織（四ネット）であった。これらの名称が示す通り、非正規労働者の労働問題を課題にした四ネットと、それを支えてきた全国一般なんぶや全統一などの中小労組と東京ユニオン、またコミュニティユニオンなどの活動家やオルグたちであった。

このネットが大きく運動の前面に出てきたのは、九七年一一月二七日、日比谷野外音楽堂における三、〇〇〇人集会の成功であった。総評前も総評後も、労働団体をまたいで、中小労働組合やインフォーマルなネットが集会の主催者になり、三、〇〇〇人もの大きな集会を成功させたのは、例を見なかった。しかもそれは、従来型の労働団体や政党によってつくられた団体間の共闘方式ではなかったのである。

従来の社・共共闘（社会党と共産党）は、政党系列の組織の大きさによって発言者の人数と序列が決まり、政党・団体（革新勢力）の権威が全参加者に押しつけられる、上意下達の雛壇方式であった。

この方式は総評・革新勢力の崩壊過程で、色あせたものになっていった。

しかしこの集会は、参加組合や団体個人が横一線にならんで同等な参加権をもって、ニーズに応じて集合した、従来型の共闘とは違った、一人ひとりの参加の総意によって意思決定される協同組合方式とでも呼ぶにふさわしい集会であった。当然、従来の共闘方式に固執する意見との対立は根深かった。だがそれを封じ込めての集会の成功であった点に、次の運動の広がりを予感させるものがあった。

一九九八年春、この四ネットの呼びかけで、労基法改悪NO！・全国キャラバンの実行委員会が結成された。この間政府・労働省の手によって進められていた労基法・派遣法「改正」法案を廃案に追い込むこと、そのために既存の労働団体の枠を越えて、各地域運動を全国的なネットとして大きな世論を盛り上げ、経営団体、政府に弱腰の連合や社民党（与党：閣外協力）、民主党・共産党を後押しして、最終的に廃案までうまく貫くようにするために計画された行動であった。

2　枠を越えて展開したキャラバン運動

読者には奇異に感じるかも知れないが、渉外にたずさわる身にとっては、労働団体ほど組織を越えて他団体と共闘するとなるとやっかいで面倒くさい団体は、まずないのである。共闘運動を取り組むにあたって、下部は必ず上部機関のお墨付きが必要だ。さらに総評崩壊後、抗争してきたナショナルセンター間の共闘となると、たとえ目標が一致し相手が一つであっても、絶望的ですらある。

全労働者の課題であるほどさらに共闘が難しいのは、従来も今も変わらないのが、日本の労働団体の歴史経過と組織事情であった。

だから異なる団体間共闘をしていくためには、団体間におけるその事情を越えていく仕掛けが必要となってくる。その方法は時と場合によって異なるが、筆者の経験からして、以下のようなことであった。

その一、特定党派の言語をできる限り排（注意）して、団体内の各組合が取り組みやすいつながりと条件を作っていくこと。例えば、政党系列を越えた、もしくは網羅したシンポジウムの開催などをすることで共闘推進派の信頼関係を作っていくことなど。例えばそういった面で、日本労働弁護団は労働団体を越えた横断的な弁護士の組織として、その橋渡しの役割を持っている。その二、当面の運動目標を明確にすること。当事者性の強い組合や労働者にその核になってもらい、全参加型に間口を広げることで、全組合に対して呼びかけを丹念に行っていくことである。

以上のことが最低限できれば、上部からの通達がなくても、少なくとも共闘運動の妨害をできるだけ弱めることが可能となる。これによって、さらに一歩進めるための、労働団体の組織事情に抜け道を作って、開かれた運動を形成することができてくるのである。労基法改悪反対運動についていえば、労働団体における中小組合の当事者性という共通の抜け道をつくって、共闘運動を拡大していくことになった。そして労基法改悪に向けたこの共闘作りの一石は、連合の単産や全労連の単産に、そして何よりも地域に対して大きな波紋を作り出していったのである。

このような運動の仕掛けを作りながら、四ネットは九八年初頭、全国単産・団体調整連絡会議を呼びかけ、日本列島を縦断する、九八春・労基法改悪NO！・全国キャラバン運動を提起したのであった。この全国単産・団体調整会議には、全国一般全国協、コミュニティユニオン全国ネットワーク、全港湾、全日本建設運輸連帯労働組合、国労、全労働省労働組合、そして東京地方組織である東京ユニオン、全国一般なんぶ、全統一、東京管理職ユニオン、東京東部労組、全造船関東などが参加してきた。これらの組合は、財政も貧しく組織も小さな中小弱小単産の集まりであったが、ナショナルセンターと政党にとらわれないそれぞれの組織に、多彩な組合運動技能を持った役員やオルグがいたのであった。「人をその気にさせるアジテーションがうまい」「みんなにわかりやすいプロパガンダ（宣伝）や斬新なキャンペーン方法が上手」「人を担ぎ上げることに長け他組織を動かしていく見事な根回し」「頭脳を必要とする社会的な要求・政策作り」「さまざまな人脈を駆使して人間関係を作っていくこと」などが上手い者たちであった。普段はお互い一歩距離をおく人たちであったが、それが日々の個別組合活動を越えて、知らずのうちに一つのチームを組むこととなった。そしてこのチームの共通項は、社会の底辺の労働者と接してきた組合であり、労働基準法の拠り所となる当事者性を持ち、またその組織化活動に苦労してきたオルグたちであった。この基準法改悪は、それぞれ組織の生死にかかわる問題であったのである。全国キャラバンにおける行動・財政計画や地域の組織活動は、これらの組織のオルグが三ヵ月かけて仕込み、各地の行動を調整して、連続する全国規模のネットワーク行動として展開されていった。また日本労働弁護団の協力も大きな力であった。

3　運動のいぶき

この一九九八年キャラバン行動は、南コースは三月三一日沖縄・那覇を、北コースは四月二日北海道・札幌を出発し、三週間の日程で各地域四〇ヵ所をめぐって、東京に四月二二日ゴールインした。各地域で呼びかけに応じた組合や地区労では、既存の所属や立場にとらわれず、形式主義を排して、精一杯の努力と真剣な取り組みが行われたのであった。南・北・西（四国）各コースでは、地域のさまざまな組合が、所属を超え、連携して呼びかけを行い、労基法改悪NO！実行委員会が結成されていった。鹿児島を例に取れば、県平和センターと全労連が手を結び、連合系の組合も参加して、総評解散後最大の集会やデモ行動が、嵐を突いて展開されたのであった。また県段階の労基局交渉、街頭宣伝や集会、デモ、夜遅くまでの交流などが、県庁所在地で取り組まれていった。その上、各地域の実行委員会は全てが手作りであり、キャラバン行動に応じたさまざまな地区労・組合が、労働団体の枠を超えて参加してきた。この全国キャラバン運動の展開によって、新たな労働者の協同関係を象徴するような出会いが生まれたのである。

筆者は、鹿児島、宮崎、熊本、大分県を桜前線と共に北上し、宮城、群馬、新潟、北関東を巡って、かつて共に争議で闘った職場労働者やオルグと再会し、コミュニティユニオン運動に参加している初々しい組織労働者や市民と出会い、久々に胸がわくわくする運動の息吹きを実感した。戦後労働運動の崩壊過程の中にあって、次の労働運動に向かって一筋の風が吹き抜けていった爽やかさがあった。

4　瞬く間に過ぎ去った日々

九七年の秋からスタートした労基法改悪NO！・運動は、一つの時代の終わりと新たな時代の始まりとなってしまったと考える。

この運動を推進した四ネットは、小判鮫のようにそれぞれが大組織に吸い付いて、総評解散以来忘れられていた、組合の大衆運動に火をつけたのであった。当初から、労基法改正案を廃案に追い込む意思統一のもとに全国キャラバンで地方の世論を起こし、社民党と密接に連携し、部分的には民主党とも協力しあいながら、連合・全労連の課題別共闘を視野に入れて運動に取り組んできた。そして、「改正法案」に疑念を抱くさまざまな人々が、また大・小、色合いの違う労働組合・団体の思いを、政治運動に反映させた行動であった。だから、どこにも属さなかったこの組織について、マスコミはいみじくも市民団体と呼んでいたのである。全国の小さな声なき声を集めて大きな団体にその声を反映させ、労基法改悪反対の世論を作っていくことに徹底してこだわったのであった。その甲斐があったか否かは定かではないが、連合においては、企業派（国際競争派）よりも組合派（国内産業派）の世論が強まり、大手単産のさまざまな思惑をはらみながらも、連合始まって以来の、「〝連合対案〟が通らないなら廃案も辞さず」という、久々の国民的大衆行動が展開された。そして国会前におけるカッコ付きの労働三団体共闘行動が、三度実現したのであった。

だがその反対行動の盛り上がりとは別の事態が、国会政治の裏舞台で、案の定進行していた。連合の担当者は、八月最後の一週間、国会包囲のウォークラリーを前にして、反対行動の収拾に動いていた。労働省が、法案の仕上がりがベストとなるような収拾策に向かって動いていた。そのポイントは、全党合意（共産党除く）の修正案づくりと、法案に強固に反対している社民党議員への説得「工作」であった。

連合は、民主党議員や労働省担当者と綿密に連携をとりながら「修正案」の合意を取り付け、社民党の担当議員にも、ほとんど恫喝まがいの合意を迫ったのである。しかしその修正内容は、五月に労働省が非公式に社民党（当時、自民党と閣外協力）に示した域を出ていなかった。

衆議院での労基法「改正」案は、奇妙にも共産党と少数の個人的な反対議員を除いて、一部修正され、与野党合意（自民、民主、平和・改革、自由、社民）で可決されたのである。共産党は野党にも入っていないのが、日本の国会の摩訶不思議なところであろう。ちなみに、この国会での与野党勢力は、政権党自民が過半数割れしていた逆転国会であった。また民主党は次の政権を窺えるような野党の盟主としての位置にあった。だが政治の舞台において、連合・民主党は、官僚や自民から大いに値踏みをされ、また社民党は少数党としての限界を晒し、新たな質を持った政党に転化できずに大魚を逸してしまったのが、この国会をめぐる競り合いの結果であった。

労基法改悪案は、九八年の九月四日に臨時国会における衆議院本会議で一部修正され可決された。

裁量労働制の導入と有期雇用の拡大を許すことになったが、その修正によって歯止めをかけ、まあ四ネットはよくやったと言えなくもない健闘であった。だがそれはそれとして、最後まで運動上の課題として残ったのは連合の評価であり、その評価の違いによって、運動を進めた実行委員会は、当初の約束通り解散したのであった。

大手派遣会社パソナ前での抗議行動（撮影・浅井真由美）

　まだ夏の日差しが残る中、労基法改悪案成立に抗議して、九月一七日から参議院議員会館前において行われた五五時間のハンストに、筆者も参加した。宿泊所の汐見教会に、差し入れの水を持って陣中見舞いにやってきた国労闘争団の岩崎松男さんや全統一の田宮高紀さんや篠崎文さん、久野茂さんたちと「利き水」しながらなめた塩の美味しさが、何故か今も脳髄の感覚の中に残っている。

　この二年間は、新幹線の窓から後ろへうしろへと飛ばされていく近景を見るように、瞬く間に過ぎていったように思う。今の時は、詩人中勘助の「時の過ぎゆくさまは静かな川の流れを見るように静かである」とは正反対で、現在の「社会風景」が、一瞬にして消失していくイリュージョンなのであり、遠い風景もその近景に吸い寄せられ、無音の内に壊れていく感すらあった。この仮視感と崩壊感こそ、〃九五年〃が進行していく現実に対する筆者の感覚であった。

5　エポックとしての九五年政治体制

九五年の「新時代の日本的経営」以降、日本社会は、政治の分野においても大きな転換を遂げていった。労働運動分野でも、九七年以降労基法の改悪をめぐる二年間の政治過程にもっとも鮮明にそれは収斂されていた。この間に煮詰められた政治は、九五年以降を特徴あるものとしたのである。それは、戦後の五五年体制に代わって一線を画する政治状況であった。労働基準法改悪NO！・運動において筆者は、どこの党にも属さず政治的に身軽であったこと、また「国会政治」の生情報を得る機会、さらに比較的諸団体の本音が聞こえてくる立場にいたことでもあり、その国会裏ドラマを見ることができた。

戦後の「労働基準法」は、完全雇用制を前提にして労働者があまねく平等を享受すること、また労働者が法の埒外におかれてプロレタリア化しないための、労働力の扱い方を強制法規によって使用者に定め、労働省はその法を守らせ、違反をさせないための労働基準監督署を、所定内の管轄区においていた。労使関係のみならず、監督行政機関としても、基本的な社会と政治のあり方に深い関わりを持っている法律であった。

今回の基準法・派遣法「改正」は、企業リストラと雇用流動化、いわば新時代の日本的経営に対応するため、労働法制全般にわたる規制緩和への布石であった。裁量労働制の導入による、労働時間規制からのホワイトカラー外し、有期雇用制の合法化、派遣事業の拡大から原則自由化など、戦後における労使関係の社会法上の規制を外して、労働力商品を市場原理に追いやっていくものであった。

もう一つ重要なことは、法改正の論外に追いやったもの、戦後福祉国家を支えてきた前提の一つ、完全雇用制の責任を、国家の意思で放棄していくものであった。その意味からも、労働組合にとっては、この基準法「改正」に対する政治行動は、単に国会行動としての法案阻止行動ということではなく、今後の①日本の労働者の基本的なあり方、②労働運動の方向、③力量を測る重要な意味を持っていた。だが残念なことに、この攻防で明らかになったことは、①②については十分な認識と戦略的な見通しを持つことができず、③については、従来の労働運動の衰退を劇的に示し、社会的な中心勢力から転落したことであった。そしてその政治行動の結末は、この法案阻止における個別領域を超えて、民主党・野党側が自民包囲網の求心力を失って、保・保・中道連合（自・自・公）へと道を開いていくターニングポイントの一つになってしまった。

その後、参議院選挙の自民復調を受けて、社民党が与党から去り、自・自・公連立内閣が成立し、そして周辺事態法や組対法関連三法案、「日の丸・君が代」の法制化など、さほどの抵抗もなく、何でもありの法案が、矢継ぎ早に国会を通っていった。

以上述べたことは、連合や民主党の煮えきらない態度や、共産党の「独自路線」、社民党の「力不足」などという言葉の上で片づけられるものでないのは、言うまでもないことであろう。

四　政治性と労働組合

1　五五年体制の評価

戦後長らく続いてきた五五年体制について、一定の評価をしておく必要がある。まず産業民主主義の仕組みについて簡単に触れておきたい。

産業民主主義体制

産業民主主義とは、資本を所有している資本家と労働力を所有している労働者が、人格的に対等な立場で自由に労働力を売買するという基本関係を、国家が担保した体制である。資本家は労働力を「もの」として買い、労働時間の取り決めの中で労働力を使う。あくまでも労働力をものとして買い使うのであり、人格は買わない。労働者は労働力を売り使わせるが人格は売らないという、相互の人格不干渉がポイントである。この人格不干渉と、自由な「もの」として、労働力の売買関係の取り決めを担保したのが、現代市民法の成立であった。

だがこの労資関係は、人間の物象化を前提にしたフィクションであり、労働力をものとして扱うことにはじめから無理がある。産業民主主義下の労働組合運動のテーマは、「もの」としての労働力をできるだけ高く売りつけ、また「もの」としての労働を、できるだけ人間扱いにするよう規制を求めてきた運動であった。そして、政治における議会制民主主義とは別な形で、産業民主主義は産業領域における労・資の取り決めによって、直接的に産業政策を国家政策に反映させていく道を確立していった。長時間労働の禁止、児童労働の禁止、同一（価値）労働・同一賃金（均等待遇・女性差別の禁止）、産業職種別賃金の取り決めや、最低賃金制など、個別資本を超えて産業別規制・産業政策によって、相互の抜け駆けを禁止していたのであった。その前提であったのが完全雇用制であり、また就業年齢をリタイアした後の年金の保障など、国家の再分配によって社会福祉国家が成立していった。

そのような組合運動を、産業的に拡大して規制してきたのが産業別労働組合であり、公共の領域（国家）に拡大して、社会福祉国家論を展開したのがヨーロッパ社会民主主義運動であった。この政治と産業における二つの民主主義が、西欧の社会福祉国家の成立であった。この体制は、二〇世紀の戦争と革命の時代の、もう一つの世界的な体制であった。むしろ、世界史として登場してくる資本主義制の中心的な体制であったのである。

日本の産業民主主義

以上のことを念頭に置いて考えると、東西冷戦の幕開けと同時に、極東において驚異的な成長をとげていく敗戦国日本の出発があった。それは、南の沖縄から北の北海道まで、日米安保条約（一九五一年サンフランシスコ条約締結）によってアメリカへの軍事基地網提供を代償にし、また基地の中にある沖縄を犠牲にした、本土における戦後の「平和と繁栄」であった点に留意する必要がある。一九五一年以後、この条約によって、日本はアメリカの極東戦略の中に組み込まれ、「平和と民主主義」体制を、長きにわたって実現してきたのである。

この出発点となった、世界政治における地政学的な特異の意味を含み込んだ国内政治体制のコンセプトを、五五年体制と呼んだ。そしてこれは、保守合同によって結党された自由民主党と、右派社会党が脱党した日本社会党による、二大政党によって仕切られてきた。それ以降、国会において自民党がおよそ三分の二、社会党が三分の一の勢力として、保革対立と協調の政治的構図が、三〇余年の長きにわたって続いたのである。

革新側は総評を基盤とした勢力であり、国民の生活向上を目指した春闘と、憲法擁護を錦の御旗とした平和と民主主義運動を展開し、護憲勢力ともいわれた。日本共産党は国会勢力としては極少であり、組合勢力としては三分の一の勢力、大衆運動としては、護憲勢力が七に対して共産党の力が三であり、国内の大衆運動に大きな影響力を持って、戦後の一時期の失敗を挽回していた。その国民的大衆運動を、マスコミは通称革新運動、共産党側は民主統一戦線と呼んだ。

社共による大衆行動の共闘が「社共統一方式」と呼ばれ、戦後における革新勢力を代表していた。もちろんこの枠の中に、学生運動に大きな影響力を持っていた反日共系新左翼諸党派も、革新勢力に対する批判と対立を強めながら、その一部を構成してきたことも事実であった。五五年体制は、世界史から考察した場合、日本の国の形は福祉国家に最も近い形と中身を実現したと考えられる。総評と日経連を中心とした、日本的な労資関係による産業民主主義、そして、労働側の企業内労資関係の欠陥構造を補う形での革新側の政治運動があり、春闘と政治運動の一体化したものが、日本的な産業自治、日本的な産業民主主義体制を実現したのである。この点についての分析は前述したとおりである。

これは高い日本経済の成長に支えられて、失業率を低く抑えてきたという意味での完全雇用制、国民があまねく平等を享受する福祉制度、機会均等を原則とした教育基本制度、不幸を最小限度にする、医療をはじめとした年金などの国民皆保険制度、そしてその福祉社会制度のための累進課税制などの国の財政政策によって、国民国家目標として福祉国家が、五五年政治体制下の保革共に求めてきた国の形であった。そして日本は、ヨーロッパとアメリカの中間に位置する程度の福祉国家を実現してきたのではないかと考えられる。総評は、その福祉国家の一部を担ってきた、公共へゲモニーを強く持った労働運動であった。五五年体制は、労資諸関係に矛盾と軋轢がありながらも、総体として日本経済の成長を原動力として、三〇余年の長きにわたって形成してきた、日本の福祉国家の形であったのである。

2 五五年政治基盤の最後的な崩壊

総評・社会党の崩壊後、この政治体制は、労働側においても急速度に形骸化していった。

一九八九年以後、失われた一〇年と言われることを象徴するように、五五年政治体制の幻影を引きずってきた労働三団体（連合・全労連・全労協）鼎立の時代は、労働基準法改悪反対行動の終焉と同時に終わりを告げた。労働基準法改悪をめぐる国会の攻防においては、結果的に、労働側が戦後首尾一貫としてあったカウンター政治勢力から首座を明け渡したことを明確にした。また保守対革新によって長らく続いてきた五五年体制基盤の、最後的な崩壊を証明したのであった。自民党・自由党や国家官僚は、いち早く、グローバル時代の社会的変容に敏感に対応したことによって、五五年体制を従来の政治に固執しない新自由主義の方向に誘導してきたのである。筆者は五五年体制の最後的な崩壊、新自由主義による一連の戦後体制の「構造改革」の過程を、九五年政治体制の始まりと呼んでもいいのではないかと考える。

脱五五年体制の前史、その起点となったのは、総評時代における七五年のスト権ストの敗北であった。一週間にわたって展開されたスト権ストは、総評と三木内閣の、当初からの落としどころ（条件付きスト権付与）を自民党タカ派が全面拒否をするという、政治からの産業民主主義の基盤に対する、最初の攻撃となったのである。

攻撃の第一段階は、アメリカ政府の提起を受けて始まった、八〇年代中盤の前川レポートによる日本の産業の構造調整であった。その政治的な潮流に乗った中曽根内閣は八七年、国鉄の分割・民営化を遂行し、総評解体の総仕上げを行い、それによって五五年体制突破の政治的イニシアティブを新自由主義が握ったのであった。

第二段階は、九〇年代以降、冷戦の終結・東欧社会主義国の崩壊によって始まった、新自由主義政策への転換のための政党再編過程であり、社会党の解体と再編成、民主党の誕生であった。

第三段階は、九五年「新時代の日本的経営」以後見られるごとく、社会法（労基法・労働法制）を無力化し、九九年の産業再生法、民事再生法など市民法（民事・商法）の領域に対しても、従来の公正なルール＝規制にとらわれない法案が、矢継ぎ早に国会に上程されようとしていることである。その結果、五五年体制＝福祉国家の形をなし崩しにし、九五年「新時代の経営」以降は、一挙にそのことが進んできた。

五五年体制における日本的な福祉国家は、国民との関係において言えば、国民多数派の習慣的な力によって社会制度がごく自然的に支えられ、市場経済の非情・凶暴さを抑え和らげる＝社会防壁を、両者が補い合いながら機能してきた。広義の意味で、自由主義とは福祉国家（統制国家）論を含む市場経済（資本制）の擁護思考をさしていたが、サッチャー・レーガン・中曽根で始まった新自由主義の場合、この〝新〟がついたことによって、国民多数派の基盤を、福祉国家制度の危機を理由として分裂させ、労働組合の全面的否定と福祉国家制度外し、あるいは壊していく推進政策のことであった。

3　日本の新保守主義

九五年以降台頭してきた日本的な新保守主義は、戦後体制の中で押さえられてきた民族主義と新自由主義の間で揺れ動き、社会政策をないがしろにして、いつのまにか、競争原理が社会政策原理にすり替わり、憲法改正を共通項として、専制的な国家原理主義へと向かっていると考えられる。

第二次世界大戦では敗者の立場である日本の新保守主義は、アメリカやイギリスのように自由主義を基盤にした思考ではなく、中曽根などに典型的に示されるように、専制的な天皇制を思考した「保守主義」なのである。この間、日本における保守主義は、政治の場で姿を現すことを、戦後憲法体制によってタブーとされてきた。その体制の陰の部分では、第二次大戦の敗北を隠すために、どうしても現憲法の否定、改憲・自主憲法制定の動きが強まってきていた。憲法条文の解釈を超えて、「戦後体制」の否定として、国家政策の中心思想の形成が始まりつつある。

そこで、保守主義の中でも、敵対してきた社会主義体制がなくなった今日、第二次世界大戦と民族自立などの評価で、旧と新の分岐が、アメリカとの関わりをめぐって始まっているように思える。中曽根に代表される旧保守派は親米イズムであり、そこからすると、第二次世界大戦の評価を正義の戦争とするには、連合軍の東京裁判を受け入れた以上、思想的な限界と論理的な無理がある。このスタンスからは、日本の戦争敗北を超える総括は難しいであろう。

新保守派は民族自立を積極的に評価することから、反米もしくは嫌米となる立場になり、第二次世界大戦の日本の戦争は正義の戦争であると総括することができるが、アジアに対する侵略戦争の側面をどうしても切り捨てることになってしまう差別思想を超えることができない。だからこの歴史観は、歴史的事実を事実として向き合うのではなく、都合の悪い事実はねじ曲げたり、なかったものとしてしまう観念論と感情論になってしまう、思想的な欠陥がある。新保守主義は最も一国平和主義の五五年体制の中で、その体制を自らが突破したのではなく、戦後の憲法体制の風化をよいことに、行き場を失った個的なエネルギーを感情論によって突破しようとする故に、旧保守派の復古調に回帰してしまう思想の限界を持っている。

現代歴史の改竄《かいざん》で、新たな歴史が切り開かれるわけでもない。例えば、従軍慰安婦問題について、国家レベルの問題を個人レベルにすり替えてあつかった漫画家小林よしのりの『戦争論』は、その典型であろう。戦争についての、ど素人と無菌培養のやんちゃ世代が、『戦争論』をもてあそんで民族自立のための戦争をマジにやろうとするとろくなことにならない。昔から〝生兵法は大けがのもと〟と言うのである。

冷戦終結以後、とりわけ湾岸戦争以降、世界はアメリカ一極による圧倒的な軍事力支配に変わっている。その軍事帝国アメリカからの拒否できない強い要請に基づいて、一連のきな臭い周辺事態法や、「日の丸・君が代」の法制化などが起こっているのである。

また福祉国家の離脱過程で、労働運動側が自己組織化を怠ってきた、社会の底辺の不満と社会的な空白（アパシー状態）を逆手に取られ、新自由主義が力を強めてきたのであった。そして労基法改悪以後の国会政治は、自・公・保に逆包囲され、憲法擁護派がそれぞれの団体の中にいた改憲派に封じ込められ、孤立し、その真ん中の政治的空白を突かれたのである。いずれにしろ、戦後福祉国家からの離脱は、その社会政策を新自由主義国家政策にすり変えていくものとして、また二、〇〇〇万人を越えるかつての戦争の犠牲によってうち立てられた、新憲法の理念をねじ曲げていく、改憲の力としても作用しはじめている。

以上のように、従来の基盤と枠組みの防衛からの、五五年体制における護憲平和運動と労働運動では間に合わない時代になってきている。だから新たな政治の対抗軸形成は、従来の既成政党基盤からこぼれ落ちて、その枠外に置かれた新たな多数派層に基盤を移していくことであろう。その中核である非正規労働者や農民や中小企業者に影響力を持ちうる哲学と政策を提示した新たな市民運動、そして社会運動の再構築が決定的に重要になってくると考えられる。

五　組合は未来への贈与

1　人間制度としての組合論

労働運動の政治的力の源泉は社会的な友愛・協同の力であり、国家に対しては、この力を拠り所に積極的に介入することが、労働運動の政治運動ではないかと考えている。

筆者が主張する労働者の「友愛・協同の力」とは、基本的に二つの力に分解することができる。

第一は、分業の下であっても協同で仕事をして、物やサービスを作り出していく生産的な力と、友愛主義によって「商品」を相互に享受し人間を豊かにしていく力。この力は社会における陣地型戦略の源泉である。

団結祭りにて（撮影・金瀬胖）

第二は、同じ境遇やもっと貧しい境遇などの人間関係の濃い固まりを労働者が観念化し、共通の相手に対して自己組織化を経験的に生み出していく、直接的・数字的な力。これは政治における機動型戦略の源泉である。
労働組合は本来的にこの二つの力を内包し、友愛理念によって統一されている。いつの時代でも労働組合が生まれる過程は、労働者相互の厳しい覚悟と自己犠牲による無償の行為によってであった。そうしてつくられた組織とは、単に物質的なメカニズムではなく、社会的な関係における、労働者の内面と外面を形づくる人間としての制度であると考える。この労働者の内面と外面を合わせ持った制度が労働組合であると、筆者は深く理解をしている。友愛主義と組合は、内と外の切っても切れない労働者の制度なのだ。

労働組合を制度論的な視点から理解すれば以上のようになるが、実際にはその制度自体の実現は、社会における労・資関係を通して、歴史的な経過の中で作られ形成されていくものであった。そして日本の労働者のポピュリズムについて考えると、日本における民衆の大衆主義（ポピュリズム）には、村的共同体を起点とした協同的な生産主義が、さまざまな時代においても底流として流れてきたという結論を、筆者は主張したい。

労働組合のコンセプトを制度論として再認識すれば、西欧的な組合主義が重要視しなかったもの、日本の民衆が普遍化してきた内側の生産主義に突き当たるのではないかと考える。これは近代社会の中においては二重の意味を持っていた。一方では過労死と言われるほどの仕事への隷属意識。もう一方では、大衆が作り出した、労をものともしない仕事への積極的な協同意識である。

日本の労働組合にとって重要なことは、いわば労働者が制度化してきた生産主義＝二重化されてきた意識をハッキリと内在化（認識）し、生産する労働組合論として積極的に取り入れることである。労働組合のポジティブな再認識によって、この生産する労働組合のコンセプトは、主体を抜きにした経営論とは全く違うのである。それは、ちまたに氾濫している俗論としての、経営＝資本に従属した労働者の消極的な経営参加ではなく、自主生産運動に見られる労働者による積極的な経営運動であり、その運動が組合運動論として普遍化されることだと考える。同時にその運動論の延長線上に、企業内に限定化された従業員としての利己的なワークシェアリングではない、社会的な仕事の分かち合い運動が導かれるのではないか。

そしてこの失業時代に、二つの課題を同時に行うことは、全く矛盾しないばかりか、積極的な意義があるのである。

2 組合再生の課題

以上のような理由で、日本の労働者たちは仕事上においては生産主義が支配的であるが、消費を含むトータルな意味での生活者としては未熟で、働き過ぎといわれる長時間労働に抵抗力が小さかった。仕事人としては大人で賢く、また柔軟な対応ができたが、西欧モデルにおける社会的な生活者としてはなかなか自立できなかったと見ることもできる。日本の労働者たちはカール・ポランニーのいう実在的生産における、自らの労働能力をフルに使うことが実に上手だったということであろう。

そして労働者は、この内側の制度によって、労・資関係をごく自然なものとして取り込むようになったと考えられるのである。よって、中小零細企業の労働者は、西欧的な組合の押しつけを、一つは戦後における会社へゲモニー、もう一つは生産主義によって、拒否的反応を示してきたように結論づけられる。

だが九五年体制は、社会にとってなくてはならない公営企業体＝社会防壁を、新自由主義による政治攻撃によって社会制度の枠外へと追いやり、また労働者によるサブスタンシャル（実際的な生産）

な基盤を、リストラによってそぎ落としたのである。それは社会制度に対する、新自由主義の基本的かつ戦略的な欠陥であったことが充分確認されるであろう。だから今後の労働運動で多数派を構成していく思想的なコアは、以上述べてきた友愛主義と労働組合の再構築にあると考える。

この時代、マスコミに自主生産や労働者企業がもてはやされている意味は、従来の異端が正統に、そして社会的多数派へと替わる兆候が、現れてきているからであろう。筆者の三〇年にわたるオルグ経験と労働争議の経験上から理解してきた労働組合は、友愛主義・制度論へと行き着き、東條由紀彦教授が論じる労働組合論とピントが重なり合ってきた。東條さんは労働組合の二一世紀の役割として以下の通り要約している。

その一　基本はモノとしての「労働力」を高く売りつけるが「人格」は売らない。労働市場のフォーマルな機能の強化（労働力商品をできるだけ高く売る機能）。

その二　同時に「労働力」をマジにモノ扱いさせない。労働条件や労働時間規制に関する要求を超えたその向こう岸（生産する労働組合）を同時に展望する。

その三　それに適した社会の公共性と政治性を守る。その上に立って国における公共性の再建と作り替えを展望する。ポランニーの言うサブスタンティブ（生活手段である生計的機能）を企業から取り戻すことと、「社会防衛」の機能の獲得と実現に向けて、社会的なヘゲモニー形成を共同で進める。

そしてこれらの運動が社会的に拡大していく現状として見られるのは、中小企業は収益性がますますなくなって、雇用と賃金の保障＝生活所得のための経営になってきており、限りなく自主生産運動に近くなってきていることである。また大企業では本工の半数がリストラされ流動化していく状況で、中小労働者、非正規雇用労働者、管理職・中高年労働者、女性労働者、外国人労働者など、従来の組合においてマイノリティーであった人々が、社会的にはもちろんのこと、組合的な立場からも多数派となっていることもある。東條さんは、労働組合が失業と自主生産を課題の中心に据え闘っていけば、歴史の新しいページが開けると展望している。

六　結び

アメリカ連邦議会で唯独りアフガン戦争に反対した下院議員のバーバラ・リーさんを日本に呼ぶために、二〇〇一年の秋、招致する会が角倉邦良さん（議員秘書）たちや市民運動ボランティア、国会議員や政党の職員などによって結成され、メールでの要請などの活動が一年間にわたって取り組まれてきた。そのための要請団が二回ほどアメリカに派遣されて、国会議員や全統一の鳥井一平さんや筆者の同僚である平賀健一郎さんたちが、サンフランシスコ・バークレーに行って来た。バーバラ・リーさんはこの招致する会の要請に応え、赤坂プリンスホテルでの講演や原爆の被災地広島における関係者との交流などのために、二〇〇二年八月一日から四日まで日本に来てくれた。赤坂プリンス会場には二、〇〇〇人が参加するなど、この招致運動は大成功を納めることができた。

彼女の選挙区であるバークレーにおいては、AFL・CIOの下部組織である市のローカル支部が、アフガン戦争反対運動の先頭に立っていたことなども報告された。また二〇〇二年の対イラク戦争反対行動においては、アメリカのニューヨークをはじめ、たくさんの市などで戦争反対の市民行動が組織された。日本のマスメディアに報道されるアメリカ国民の顔は熱狂的愛国者の顔だが、それらの諸行動を納めたビデオなどでは、画一的な愛国心と違って、星条旗にいろいろな思いが込められているようなさまざまな顔があり、アメリカ社会の底辺では、新自由主義の台頭以後、上層とは違ったさまざまな流れが渦巻いている実状が感じとれた。

東西冷戦終結以後、世界で唯一の軍事帝国となったアメリカは、世界貿易センタービルにおける二〇〇一年九月一一日のハイジャック旅客機の突入事件を契機にして、国際世界に対してますますその軍事帝国化と、新自由主義における巨大資本ネット連合形成を加速させ、その姿を露わにしてきた。それによって、今まで改革路線の道を順調に歩んできたかに見えたアメリカ労働運動は、上層と底辺に引き裂かれたようでもある。AFL・CIO指導部はいち早くブッシュのアフガニスタン戦争を支持してしまった。アメリカ国民は星条旗の下に、労働組合も含めて団結しているように、世界のマスコミが報道した。

そんな中で、民衆のグローバルなヒューマンアジェンダ（戦略）を提起している活動家ジェレミー・ブレッカーは、ブッシュの強行する戦争政策と、それに当面無力な国内運動に対して悲痛な叫びを上げていた。「友達なら酔っ払った友達に車を運転させない」「どうかお願いだ。アメリカの友は、この権力に酔った超大国が酔いを覚ますまで、車のキーを取り上げておいて欲しい」（『ピープルズ・プラン』17号、二〇〇二年一月刊）

アメリカ国民という当事者として、せっぱ詰まったブレッカーのこの叫びは、国際的な対イラク戦争反対世論の高まりの中で、日を追うごとに、アメリカの別の断面を浮かび上がらせてきたようである。筆者は、冷戦以後見え隠れしている社会的な断面における特徴こそが、顕在化してきた新たな民衆的な状況ではないかと考える。それは従来的な概念における左と右の流れではなく、世界は上下に分断されて、底辺のグローバルな民衆的潮流が動き始めているということなのである。それは逆流することもとどまることもなく、それぞれの地域で無数の流れを作って、将来にむかって流れ始めているようだ。

チェルノブイリ原発。放射能は人と大地を撃ち続ける。ナターシャ 6歳の時被曝（撮影・金瀬胖）

シアトルにおけるＷＴＯ会議反対行動や、ブラジル・ポルトアレグレに、直接参加民主主義を標榜して、「もう一つの世界を！」をスローガンに世界中から血気盛んな一〇万人の集合がなされたのもその現れであったろう。旧世界の上層における停滞と腐敗に対するこのような世界的な底辺の流れをどう大きく強くしていくかが、筆者がこの本を書くにあたって労働運動上の問題意識として貫いてきた立場でもあった。この本の原稿は九八年から九九年にかけて『労働情報』誌に連載された「労働屋オルグ　うつつと夢」を、大幅に加筆修正したものであり、その立場は、これが本になっても間違っていなかったと総括することができる。労働組合は、戦争を含めた競争社会に対して、底辺社会において、競争では生きることが下手な人々の、対抗的な機能を代行しているものであるからである。労働組合は本来的に競争社会では生きられない人々のものなのだ。競争（市場）社会をチェックし、あるいは対抗する友愛主義と協同主義が、労働組合の自立思想なのである。

もちろん、現実はそのきれい事では動いていない。現実の労働運動は、連合あり、全労連あり、全労協あり、そして企業内組合あり、一般労働組合、コミュニティユニオンあり、さらに民主党や共産党や社民党や左翼諸党派などが競合し、あるいは抗争している側面も大きいのである。本文でも書いたが、その組織間で競合する、むしろ抗争する側面のみにリーダーとしての役割を果たしてきた組合幹部や党官僚が、この〝業界〟では立派なリーダーとして思われてきたことも結構多かったのが、日本労働運動の歴史的な事実でもある。筆者のオルグとしての青年時代は、その組織エゴと対抗しつつ、いかに敵と最も闘っているかが、運動の価値判断でもあった。そして、「俺」は誰よりも敵と闘っているという大きなプライドでもあった。そのころの活動家たちは大方がそうであったと思う。そして、能力もなくその上にあぐらをかいている幹部やオルグなどは〝軽蔑〟の対象でもあり、ともすると「敵」よりも嫌悪感すら持っていた。

筆者は、戦略といえばオオゴトすぎるが、いくつかの見込みをたて、『労働情報』誌の連載を書いてきた。書き始めてから四年たった今日、いくつかの見込み違いと「策」の建て直しの必要性を感じている。

まず当初の見込みは、東部労働運動をモデルとした地域労働運動の強化が第一であった。

第二は国鉄闘争を軸とした争議運動の強化と共闘の拡大。

第三は中小労働運動の社会的な自立化とその運動の影響力の拡大。

第四は官公労運動の対案戦略立案への転換と中小運動との共闘強化。

そして、第五が新たな労働者の組織化運動の横断的なネットワーク化であった。

何が見込み違いであったかというと、第一が、四党合意に端を発した国労の混乱と運動の分裂であった。時代遅れと左派系組合の派閥支配の根深さ、国労の企業内組合への先祖帰りなどであり、それに振り回された闘争団の自立が、争議団としていかにも弱いものであったことである。

第二は、連合、全労連に対して、三番手としての全労協の力量がこの一〇年の間に、もはや比べようのないほど差がついてしまったこと。そのことに対する無自覚な組合幹部も多く、ただあきれるばかりであり、怒りと同時にやりきれなさを感じるのは筆者だけであろうか？

第三は、中小労働運動の社会的な自立と影響力の拡大という「策」が、順風満帆にはいかなかったことであった。労基法改悪反対運動や倒産問題研究会などを積み重ねてきて、中小労組の集合体として中小労組政策ネットワークを立ち上げたが、その運動の中で起こった連合の評価やその対応策、組織のあり方をめぐって食い違いが起こったのである。労基法改悪NO！の運動で我々の力強いパートナーであったコミュニティユニオン全国ネット（一万八、〇〇〇名）では、連合加盟をめぐって討論がおき、その結果、二〇〇二年一一月三日、全国ユニオン連合（五、〇四〇名）が結成され連合加盟方針を決定した。それにともなって、中小・非正規・外国人などの労働者の新たな組織化運動の全国的な複合的、横断的な中立的なネットトとして中心に位置する可能性は遠のき、当面はナショナルセンター枠にこだわらざるを得ない側面が生まれてきたことである。全国ユニオン連合は従来型の組合とまるで中身が違う。だが、連合加盟に際して、かつて総評全国一般が産別主義という形式を取ったと同じように、組織の中身とはまるで違ったその形式によって、従来の「産別整理」への防衛や競合組合との組織争い、組織内外での派閥抗争の心配はないのであろうか（全国一般の項参照）。だが時代がひと皮むけた中で、ユニオン運動の斬新さやコミュニティユニオン運動で培った知恵で、過去の忌まわしい派閥抗争を克服することはきっと可能であろう。

以上のように、戦後労働運動をだめにしてきた従来の〃組合政治〃が、どん詰まりまできてしまった労働組合運動においてさえも、濃い陰を落としているとしかいいようがない筆者の見込みちがいがあった。

だがしかしである。底辺から動き出した時代の流れは、同時に、新たな組合運動を活性化させてきた原動力であったことに変わりはない。それと、二割を切ろうとするまでに止めどもなく進む組織率の低下に対する、ナショナルセンターレベルでの危機意識、この新たな運動の活性化と組織率低下に対する危機感という二つの理由で、連合や全労連における方針上の大きな変化をもたらしてきたことも確かであった。とりわけ新たな労働者の組織化方針においては、ＡＦＬ・ＣＩＯの新組織化方針に学び、両者の違いはほとんどなくなったと言っていいほどであることも事実である。

以上のような状況を考えると、新たな社会的運動が生成するためには、歴史上においても、旧から新、無から有へ転化するための一つの過渡的な運動が、必ず登場してきたことに思いを馳せるのである。労働運動においては（一八七〇～八〇年代）アメリカ産別運動の創生期における労働騎士団、日本の労働運動黎明期には労働組合期生会が、その過度的な存在として知られているが、世界の社会的運動となると、「水滸伝」など歴史上において、枚挙にいとまがないほどの物語の量に驚かされる。過渡的という時代認識は、白黒がそして正邪がハッキリしない時代であるが、アンビシャスな時代として一番おもしろい時代なのかもしれない。一切でもなく無でもなく、静でもなく動でもないが、地下で途方もないマグマが動き、その音が聞こえてくるようである。今、近代一〇〇年に匹敵するような運動を胎動させた過渡的運動が既存の労働団体の内部で起こり、また全く意外なところからも起こっている。そしてそれは、底辺の潮流に対応して、何ものにもとらわれない自立した運動と組織であることが、とりわけ要請されているのではないだろうか？　それを担っていくのは、幸か不幸か既成組織からはぐれ、また外された感受性の強い人々、および労働運動家・オルグ・弁護士・学者・文化人・管理職・中小企業経営者など任意のボランティアであろう。さまざまな既成の看板を背負った従来の心ある旦那衆や親分衆は、「黙って」そのスポンサーになれるかどうかの度量が、また問われる時代でもある。

地域は、その過渡的運動を社会的な層として表現できる、また全国的にも重要なステージとなってくる。過渡的運動がこれらの担い手によって地域にパッチワークされ、地下に向かって根を張り、従来の社会運動を引きつけてネットワークし、それらが一定の総量に達した時に、過渡的運動としての役割を終え、新たな世界に向かって、ダイナミックな社会運動へ転換されていくのである。

あとがき

この本の文章の中で、筆者の造語がいくつかある。職場型組合＝現場型組合、旦那組合、組合旦那衆、組合仁義、化け身などである。それらの造語が、実は筆者が、この本で一番いいたいことなのであった。

日本の労働組合は企業内組合、あるいは企業別組合であるといわれてきたのが通説である。現在時点で、その点に関してあまり異論をはさむ必要もないが、本文で筆者が展開した組合論としては、労働者の主体的な組織と企業内組合は明確に区別して、似て非なるものとして論じてきた通りである。その労働者の主体的な組織は、戦後の民主化の過程で生み出され、それが筆者のいう職場型組合であった。このタイプの組合には、西欧的な産業別組合と比較して、多くの構造的な欠陥があったことも、指摘した通りである。これらの大半が、やがて企業内型組合に収斂されていった。そして、戦後の「左派」組合の象徴であった国鉄労働組合が、最後に企業内組合に再編成されるのが、四党合意問題であったのである。

だが、これは筆者の持論であるが、戦後の労働者の主体的な組織である職場型組合は、しぶとく、また根強く生き残ってきた。また、この日本における職場型組合は、新たなユニオンを生み出していく母胎でもあった。江戸川区労協の、往時のオルグ小畑精武さんが考案したといってよい江戸川ユニオン、全造船関東の神奈川シティーユニオン、また、全統一労組の外国人分会の誕生などがその典型であろう。

総行動も、これら新しいユニオンが加わることによって、この本に書かれた頃とは大きく様変わりした。ますます無能・無責任になる経営者に代わっての、労働者の手による自主再建や、韓国労働者との共闘やフィリピントヨタの例に見られるような、加速度的にグローバル化する背景資本に対する責任追及は、依然、総行動の柱として中心に据えられている。だが、参加する主体には、年々、外国人やパート・有期雇用の非正規雇用労働者を含む個人加盟のユニオンが増え、バラエティに富むようになってきた。筆者らの頃は、「運動とはかくあるべし。ネバナラナイ」という、肩肘張った姿勢も、とかく見受けられたものだが、最近の総行動には、光輪モータース分会（全統一労組）の元気な青年たちの、「やっちゃおうぜ！」みたいな〃ノリ〃も、「あり」なのである。世代交替の現実とともに、歴史を貫いて流れる労働者の魂、組合仁義をも、そこに重ね合わせて見るのである。

以上のことを、労働運動、とりわけ総評運動の総括的な視点に立って、遅ればせながら問題提起したのが本書である。特に九五年以降、ルーカスプランなどの新しい議論を契機に、労働運動研究の大御所である戸塚秀夫元東大教授の紹介で知己を得た、東大社研の森谷文昭さんや、また、東條由紀彦明大教授との出会いによって、筆者らは、それまでの一国主義的な労働運動の思想とは次元の違う発想に触れ、目から鱗が落ちるような衝撃を受けたことであった。

そして、労資関係の腐朽化や生産する組合に関わる造語は、東條教授の知的営為によって概念化され、労働組合の友愛戦略へとアプローチされている。おそらくそれは、近年、自主生産闘争から生まれてきた数々の自主生産ネットの運動や、埼京ユニオンのカメラのニシダ、国労闘争団運動など、従来の自主生産、争議運動とは違った領域に踏み込んでいる、労働者の「経営」運動のコンセプトとなっているといえるのではないだろうか。

そのような、労働運動の過去の財産と将来の可能性に想いを込めて、この本のタイトルを『地域ユニオン・コラボレーション論』としたのである。

筆者の独りよがりな文章をバサバサ切ってくれたのが、同僚の平賀健一郎さんであり、この本が掲げた運動論の半分以上は、彼の創作でもあることを断っておきたい。

協同センター・労働情報の皆さんには、連載中はもとより、本作りの過程で、資料や地図・イラストを含め、筆者以上の筆者になってもらった。写真は、筆者の東部時代の同僚であり、また、今では失われていく被写体に愛を込めて撮り続けている〝ほんまもん〟の写真家、金瀬胖さんの作品が、拙文以上の真実を語ってくれている。同じく今井明さん、小泉智子さんやジャーナリストの安田浩一さんにも、貴重な証言者としての写真を提供していただいた。また、快く出版を引き受けてくれたインパクト出版会の深田卓社長には、心から感謝の言葉を送りたい。

そして最後に、この本を手に取ってくださった皆さんには、皆さんのいろいろな想いや願い、希望に、筆者が伝えたかったことをコラボレーションして、是非、まだ筆者の知らない新しい世界、分野へ融合させていってくださることを切に願うものである。

小野寺 忠昭（おのでら・ただあき）

1943年　東京都葛飾区金町に生まれる
1964年　日本大学農獣医学部卒
1966年　東京地評青年担当オルグ
1967年　東京反戦青年委員会の組織化に参加
1970年　ベトナム反戦運動を闘う
1971年　東京東部ブロック担当オルグ。地区労や地域運動を共に担い、
　　　　ペトリカメラやパラマウント製靴の自主生産闘争に参加
1989年　東京地評存続に伴い組織部オルグ。国鉄闘争を共に闘いつつ
　　　　今日に至る
2003年1月　東京地評を定年退職

地域ユニオン・コラボレーション論
オルグから見た地域共闘とは

2003年2月10日　第1刷発行
2003年4月10日　第2刷発行
著　者　小野寺忠昭
発行人　深　田　卓
装幀者　藤 原 邦 久
発行　株式会社インパクト出版会
東京都文京区本郷 2-5-11　服部ビル
Tel 03-3818-7576　Fax 03-3818-8676
E-mail impact@jca.apc.org
ホームページ　http://www.jca.apc.org/~impact/
郵便振替　00110-9-83148

モリモト印刷

世界をとりもどせ グローバル企業を包囲する9章

ブレッカー、コステロ　著　加地永都子監訳　1900円＋税
ピープルズ・プラン研究所監修―ＰＰブックス③／ＷＴＯ・世界銀行・ＩＭＦ主導のもと進行するグローバリゼーション。グローバル化のもたらす環境破壊・失業・貧困・経済不況に、私たちはいかなる抵抗線を作りうるのか。「底辺へ向かう競争」に対抗するオルタナティブ運動論。

グローバル化と女性への暴力 市場から戦場まで

松井やより　著　　2200円＋税
ピープルズ・プラン研究所監修―ＰＰブックス④　経済のグローバル化が世界中を覆いつくし、貧富の格差を拡げ、生命さえ脅かしている今、最も犠牲を強いられているのは「女性」である。その実態を明らかにし、各国地域の女性たちとともに歩み続けたジャーナリスト松井やよりの生前最後の論集。好評第２刷。

「日の丸・君が代」じかけの天皇制

天野恵一　著　　3500円＋税
「皇室外交」という政治を駆使し延命し続ける象徴天皇制。女帝ミチコ報道からマサコ懐妊報道まで、この８年間の皇室報道を検証、嘘しか書かないマスコミを徹底批判する天皇制ウォッチング。

天皇制とジェンダー

加納実紀代　著　　2000円＋税
母性天皇制から女帝問題まで。銃後の女性史とリブ、フェミニズム、そして天皇制に深くこだわってきた著者のアクチュアルな論考。
民衆意識の中の天皇制／母性と天皇制／女帝論争・今昔／「平成」への発言

年報・死刑廃止

各2000円+税
96年「オウムに死刑を」にどう応えるか
97年 死刑―存置と廃止の出会い
98年 犯罪被害者と死刑制度
99年 死刑と情報公開
00-01年 終身刑を考える
02年 世界のなかの日本の死刑